MARCO ⊕ POLO

W0175062

BALTIKUM

ESTLAND, LETTLAND, LITAUEN

NOR-WEGEN
○ Oslo
FINNLAND
Helsinki ○
○ Tallinn
RUSSLAND
Stockholm ○
SCHWEDEN
ESTLAND
LETTLAND
Riga ○
○ Moskau
LITAUEN
Wilna ○
RUS
○ Minsk
POLEN
WEISS-
Warschau ○
RUSSLAND

MARCO POLO Koautor
Thoralf Plath

Seit 20 Jahren lebt der Journalist Thoralf Plath bei Kaliningrad (Königsberg). Von dort aus bereiste er ungezählte Male die baltischen Republiken, um für deutsche Medien zu berichten, aber auch, weil er Litauen, Lettland und Estland in sein Herz geschlossen hat. Als Segler kennt der gebürtige Rüganer die Küsten zwischen Kurischer Nehrung und Estlands Inselwelt auch von der Wasserseite her.

www.marcopolo.de/baltikum

Die besten Insider-Tipps → S. 4

INSIDER TIPP

Best of ... → S. 6

Estland → S. 34

Lettland → S. 54

SYMBOLE

INSIDER TIPP Insider-Tipp

★ Highlight

●●●● Best of ...

☼ Schöne Aussicht

☺ Grün & fair: für ökologi-
sche oder faire Aspekte

(*) kostenpflichtige
Telefonnummer

PREISKATEGORIEN HOTELS

€€€ über 75 Euro

€€   50 – 75 Euro

€   unter 50 Euro

Die Preise gelten für eine
Übernachtung im Doppelzim-
mer mit Frühstück

PREISKATEGORIEN RESTAURANTS

€€€ über 10 Euro

€€   6 – 10 Euro

€   unter 6 Euro

Die Preise gelten für ein
Hauptgericht und ein Getränk

INHALT

Litauen → S. 72

Ausflüge & Touren → S. 96

Sport & Aktivitäten → S. 102

Reiseatlas → S. 128

KARTEN IM BAND
(130 A1) Seitenzahlen
und Koordinaten verweisen
auf den Reiseatlas
(0) Ort/Adresse liegt außerhalb des Kartenausschnitts
Es sind auch die Objekte mit
Koordinaten versehen, die
nicht im Reiseatlas stehen
Karte zu Rīga, Tallinn und Vilnius finden Sie im hinteren
Umschlag

**UMSCHLAG HINTEN:
FALTKARTE ZUM
HERAUSNEHMEN →**

FALTKARTE
(A–B 2–3) verweist auf
die herausnehmbare Falt-
karte

Die besten MARCO POLO Insider-Tipps

Von allen Insider-Tipps finden Sie hier die 15 besten

INSIDER TIPP **Hinter Gittern**

Im einstigen Militärgefängnis des Marinehafens im lettischen Liepāja erwachen düstere Geister zum Leben. Es ist nur ein Spiel. Aber keins für schwache Nerven. Wer richtig hart im Nehmen ist, gibt sich das ganze Programm und übernachtet sogar für wenig Geld in einer der ehemaligen Zellen → S. 59

INSIDER TIPP **Kunst & Handwerk**

Schnitzen, weben, töpfern – in Litauen ist das noch Teil gelebter Kulturtradition. Das Ethnografische Freilichtmuseum in Kaunas veranstaltet am Wochenende schöne Kunsthandwerksmärkte → S. 78

INSIDER TIPP **Meisterhafte Unterkunft**

Den Meisterhof in der Altstadt von Tallinn preisen Reiseführer als gute Adresse für estnisches Kunsthandwerk. Doch Sie können hier auch sehr stilvoll übernachten. Das Gästehaus Villa Hortensia gehört einem Architekten. Man merkt es → S. 50

INSIDER TIPP **Essen wie die Esten**

Das Restaurant Viitna Kõrts liegt in dem herrlichen Nationalpark Lahemaa und ist gebaut wie ein original estnisches Bauernhaus. Und die deftige Kost passt auch dazu. Die ist so lecker, dass auch Einheimische oft und gern kommen → S. 50

INSIDER TIPP **Lettische Geheimnisse**

In seiner Werkstatt in Cēsis enthüllt Silberschmied Kalniņš die wunderschönen Geheimnisse altlettischer Ornamentik → S. 56

INSIDER TIPP **Bitte die Pässe bereithalten!**

Im Vilniuser Künstlerviertel Užupis spielen Einheimische Unabhängigkeit. Und das ziemlich gut. Der Dalai Lama war auch schon da → S. 90

INSIDER TIPP **Krumm und grün**

Die Gurke hat in Litauen nicht nur ihre eigene Hauptstadt, Kėdainiai, sondern sogar ihr eigenes Fest. Dort schmeckt selbst der Schnaps irgendwie – gurkig → S. 78

INSIDER TIPP Wildes Estland

Schwitzen in der schwimmenden Sauna? Ein Einbaumboot selber bauen? Auf der Suche nach dem spannendsten Naturweg? Die Outdoor-Spezialisten von Soomaa. com bieten alles für das große Trail-Abenteuer in Estlands wildestem Nationalpark → S. 40

INSIDER TIPP Nächtigen im Künstlerviertel

Auch die Hotels fallen im Vilniuser Kultviertel Užupis etwas aus dem Rahmen, zum Beispiel das Užupio Viešbutis → S. 94

INSIDER TIPP Harte Sitten

In der Universität Tartu gibt es für aufmüpfige Studenten sogar einen Knast. Eingesperrt war hier allerdings lange niemand → S. 52

INSIDER TIPP Souvenir in Strick

Die schönen Kihnu-Pullover von der kleinen Insel gleichen Namens kratzen vielleicht ein bisschen, sind aber garantiert Unikate → S. 39

INSIDER TIPP Jugendstilzentrum

Wie Riga zu seinem Jugendstil (Foto li.) kam und was eigentlich hinter den wahnsinnig schönen Fassaden steckt – das alles und viel mehr erfahren Sie im Art Nouveau Centre → S. 63

INSIDER TIPP Den Bergen ein Stück näher

Eine Seilbahn im tellerflachen Baltikum? Gibt's tatsächlich. Im lettischen Sigulda im Urstromtal der Gauja gondelt sie mit Ihnen von Gipfel zu Gipfel → S. 58

INSIDER TIPP Russisch Rīga

In der Moskauer Vorstadt mit ihren altrussischen Häusern hat das einstige Zarenreich reichlich nostalgische Spuren hinterlassen → S. 63

INSIDER TIPP Felsiges Kanuparadies

Das wildromantische Gaujatal mit seinen Sandsteinfelsen ist für Kenner das schönste Paddelrevier des Baltikums. Lassen Sie sich hindurch führen! (Foto u.) → S. 57

BEST OF ...

TOLLE ORTE ZUM NULLTARIF
Neues entdecken und den Geldbeutel schonen

● **Schöne Grüße aus Mitteleuropa**

Der bei Vilnius gelegene *geografische Mittelpunkt Europas* ist, an seiner Bedeutung gemessen, ungemein günstig zu haben – nämlich (noch) gratis! Für die Urlaubskarte gibt's hier originelle Sonderstempel, die kosten nur das Porto der Briefmarke → S. 76

● **Orgel gratis**

Die riesige *Walcker-Orgel* im Rīgaer Dom zählt zu den klangvollsten ihrer Art an der Ostsee. Wenn Sie sich sonntags in den Gottesdienst setzen, genießen Sie das berühmte Instrument, ohne für ein Konzert bezahlen zu müssen. Den Segen gibt's obendrauf – ebenfalls gratis → S. 62

● **Museum umsonst**

Das *Jüdische Museum* in Rīga, die bedeutendste Ausstellung der einst reichen jüdischen Kultur in Lettland, können Sie kostenlos besichtigen. Andere Museen im Baltikum bieten spezielle eintrittsfreie Tage, da lohnt sich immer ein Blick auf die Öffnungszeiten → S. 62

● **Naturalienhandel**

Im lettischen Städtchen Sabile gibt's ein privates *Kuriositätenmuseum,* das Sie besichtigen können, ohne etwas bezahlen zu müssen. Zumindest kein Geld. Wer will, kann etwas Originelles zurücklassen, als Eintrittsspende sozusagen. Zum Beispiel seine Strümpfe → S. 64

● **Tipps vom Drahtesel-Experten**

Das flache Estland ist wie geschaffen zum Radwandern. Die Leute vom Spezialisten *Citybike* in Tallinn haben nicht nur Leihräder und geführte Touren im Programm, sondern auch viele tolle Routen(geheim)tipps – und die gibt's gratis → S. 39, 105

● **Was aus Bernstein werden kann**

In der *Bernsteingalerie* in Nida (Foto) lässt sich Kazimieras Mizgiris gern über die Schulter schauen, wenn er in seiner gläsernen Werkstatt das Ostsee-Gold veredelt. Zugucken kostet bei ihm nichts → S. 83

●●●● Diese Punkte zeichnen in den folgenden Kapiteln die Best-of-Hinweise aus

● *Estlands ganzer Stolz*

Giebel, Türme, Backsteinkirchen: In der meisterlich restaurierten Altstadt von Tallinn mischt sich baltische Lebensfreude mit hanseatischem Flair. Und wenn im Sommer rings um den *Raekoja plats* die Cafés und Läden öffnen, findet man schnell seinen Lieblingsplatz → S. 44, 46

● *Die Insel der Inseln*

Mehr als 1500 Inseln säumen die estnische Küste. *Saaremaa,* die größte von ihnen, ist eine Welt für sich: wildromantische Natur, uralte Bockwindmühlen säumen die Straße, und in der Inselhauptstadt Kuressare zeugt eine wuchtige Bischofsburg von bewegten Zeiten → S. 41

● *Gekreuzigte Freiheit*

Hunderttausend Mal ist Christus hier gestorben für Litauens Freiheit, da konnte Moskau noch so viele Bulldozer schicken. Ein stilles wie starkes Monument für den baltischen Unabhängigkeitsgeist ist der *Berg der Kreuze* (Foto) geblieben – auch im freien Europa → S. 82

● *Rīgas ewige Jugend*

Der Altstadt die Macht, dem Jugendstil die Pracht: Was Architekten wie Michail Eisenstein vor 100 Jahren in der überschwenglichen Euphorie der lettischen nationalen Romantik schufen, sucht europaweit seinesgleichen. Fast 800 Jugendstilfassaden zieren Rīgas Straßen – eine Operette in Stein → S. 62

● *Bewunderte Nehrung*

Man müsse sie gesehen haben, solle einem nicht ein wunderbares Bild in der Seele fehlen, schwärmte Wilhelm von Humboldt vor über 200 Jahren von der *Kurischen Nehrung.* Er würde es heute gewiss genauso wiederholen → S. 82

● *Der Kräuter schwarze Seele*

Rīgas Melnais Balzams, der bitterschwarze Kräuterlikör, ist in Lettland nationale Berühmtheit und Exportschlager. Erfunden vor vielen Jahren von einem Apotheker als Arznei, wird die hochprozentige Spezialität heute in zahllosen Mixdrinks serviert und hat sogar eine eigene Bar → S. 67

TYPISCH

BEST OF ...

● **Teufel noch eins**

Mehr als 2000 Teufelsfiguren haben bei *Antanas Žmuidzinavičius,* einem kauzigen Maler aus Kaunas, Asyl gefunden: Kobolde, schräge Gesellen und auch richtige Bösewichte sind darunter → S. 75

● **Rock den Regen**

Wenn sich draußen am Himmel was zusammenbraut, ist das *Pablo,* Lettlands *1st Hard Rock Café* in Liepāja, das Richtige: Dem Laden geht die Musik so schnell nicht aus, zu gucken gibt's auch genug zwischen all den Devotionalien vergangener Konzerte → S. 60

● **Tallinns Kunst ganz groß**

Museen sind was von gestern? Da kennen Sie Tallinns *Kumu* noch nicht: Mit atemberaubenden Installationen ist es eins der besten Häuser zeitgenössischer Kunst in Europa (Foto) → S. 46

● **Zu Gast beim Präsidenten**

Das Rīgaer Schloss war in seiner Geschichte schon vieles. Heute birgt es drei der wichtigsten Museen Lettlands, da kann es schon ein paar Stunden regnen. Mit etwas Glück begegnen Sie dem Präsidenten. Der hat im Schloss nämlich sein Büro → S. 64

● **Europas größtes Spaßbad**

Ostsee zu kühl, Wetter zu nass? Im *Aquapark Jūrmala,* dem größten in Lettland, ist das Badewasser wie es sein sollte: gut temperiert und mit allerhand Spaßpool-Gerätschaft möbliert – Rutschentower, Kaskaden, Sprungturm. Nach dem Baden geht's in die Sauna → S. 108

● **Estnisch-französische Versuchungen**

Lassen Sie sich in Pierres Chocolaterie die Marzipanpralinen und andere Kreationen des Tallinner Schokoladenmeisters munden. Es wird Ihnen schwerfallen, wieder zu gehen – erst recht bei Regen ... → S. 47

REGEN

ENTSPANNT

● Schokomassage

Lassen Sie sich im *Gesundheitszentrum* in Tartu mit Schokolade ein-
reiben. Die Kakaomassage soll gegen allerhand Beschwerden helfen,
wunderbar entspannend ist die Prozedur auf jeden Fall → S. 53

● Kräuterbad und Sprudelbecken

Das Wellness-Spa-Haus *Gydykla* in Druskininkai bietet auch Tagesbe-
handlungen an. Gönnen Sie sich ein Kräuterbad, anschließend schwim-
men Sie im Mineralwasserbecken. Sie werden sich wie neu geboren
fühlen → S. 95

● Wie die alten Kuren

Auf dem Törn an Bord eines alten *Kurenkahns* von Nida tauchen Sie ein
in die Langsamkeit des Seins. Ringsum die Weite des Haffs, gesäumt
vom sanften Relief der Wanderdünen, über Ihnen das braune Segel
und baltisches Wolkentheater: Bilder wie aus der Zeit gefallen → S. 84

● Baltisches Westmeer

Wollen Sie die baltische Küste in ihrer ganzen wildromantischen
Schönheit ganz entspannt genießen, fahren Sie zum Sonnenuntergang ins lettische *Jūrkalne*. Rau fällt die Steilküste zum Strand ab, weit
fliegt der Blick über die Ostsee, die nun im Westen liegt. Den Strand
haben Sie für sich → S. 70

● Reif für die Insel

Wenn Sie einen Ort suchen, um in aller Ruhe und Stille und dennoch
vom stilvollen Komfort eines guten Hotels umgeben ein paar ent-
spannte Tage an der Ostsee zu verbringen, finden Sie auf der kleinen
estnischen *Insel Muhu* ein echtes
Paradies. Es heißt *Pädaste*
(Foto) → S. 43

● Nur die Ruhe

Ruhe ist im Seebad Palanga
im Sommer ein seltenes Gut,
das Zentrum des Seebads
gleicht vor allem abends
einer Partyzone. Aber im
Palangos Vetra wohnen
sie vom litauischen Baller-
mann verschont am Park
mit dem Bernsteinschloss
→ S. 87

AUFTAKT

ENTDECKEN SIE DAS BALTIKUM!

Lenin, goodbye! Gerade zwei Jahrzehnte sind vergangen, seit das Baltikum sich mit seiner singenden Revolution aus der Sowjetunion befreite, doch es scheint eine Ewigkeit her. Estland, Lettland und Litauen sind dem Westen näher gerückt, seit 2004 Mitglieder der EU und mittlerweile auch des grenzenlosen Schengen-Europas: drei junge Ostseerepubliken, die dem alten Kontinent guttun – mit ihrem Mut zu innovativen Ideen, ihrer Aufbruchstimmung, ihren gelebten Traditionen. Ein Faible für brandneue Informationstechnologien verbindet die Balten ebenso wie die Verwurzelung im alten Brauchtum. Die Internettelefonie ist eine baltische Erfindung. Zugleich gibt es nirgendwo in Europa mehr Volkslieder als im Baltikum, es sind mehrere Millionen. Eigentlich mögen es die Bewohner Estlands, Lettlands und Litauens gar nicht, sich im „Baltikum" zusammengefasst zu sehen. Ein Este fühlt sich ohnehin mehr als Skandinavier, und das katholische Litauen verbindet seine Geschichte, Kultur und Religiosität eher mit Polen – beide Länder waren mehrere hundert Jahre als europäische Großmacht in einem Staat vereint.

Bild: die gotische Inselburg Trakai in Litauen

Hübsches Kontrastprogramm im mittelalterlich geprägten Tallinn: das Barockschloss Katharinental

Es ist eben diese wechselvolle Vielfalt aus verschiedenen Kulturen und Landschaften sanfter Schönheit, die das Baltikum als Reiseziel so reizvoll macht. Einsame Seen und urwüchsige Wälder, Sommerwolken über Auwiesen, Wildrosen und „weiße" Juninächte: Wer mit diesen Vorstellungen in die drei Ostseerepubliken reist, wird unzählige Paradiese entdecken. Allein die Küste wandelt auf tausend Kilometern zwischen dem litauischen Nida und dem Lahemaa-Nationalpark im Norden Estlands immer wieder ihre Form: Sandstrände, soweit der Blick reicht, Dünenketten und zerklüftete Steilufer, schroff ins Meer abfallende Klintfelsen. In Estland spürt man das nahe Skandinavien, dort säumt ein schärenartiger Archipel aus über 1500 Inseln die Küste.

Tausend Kilometer Ostseeküste zwischen Nida und Lahemaa

Wer die Küste verlässt, erlebt ein Land der leisen Töne, nordisch herb und von östlicher Melancholie zugleich. Über die Hälfte des baltischen Nordens ist von Wäldern bedeckt. Dazwischen breiten sich geheimnisvolle Hochmoore aus – ein Traumrevier für Outdoor-Fans, wie die Latgale-Ebene, die sich im Osten Lettlands zu einer endlos

Ab 4000 v. Chr.
Finnougrische Völker, vermutlich aus dem Ural, wandern ins heutige Estland und Finnland ein

100–600 n. Chr.
Die baltischen Stämme treiben regen Bernsteinhandel bis in den Orient

13. Jh.
Der deutsche Schwertbrüderorden erobert das heutige Lettland und Estland. Herausbildung des mittelalterlichen Ordensstaates

1201
Gründung Rigas durch den Bremer Bischof Albert

1219–1227
Die Dänen bauen die Festung Reval (heute Tallinn)

scheinenden stillen Seenplatte öffnet. Und wer hätte nicht schon von der Kurischen Nehrung gehört, jener legendären Halbinsel, von der schon Wilhelm von Humboldt schwärmte.

Der Kontrast zu den Hauptstädten könnte größer nicht sein. Hier schlägt das Herz der jungen Republiken – politisch, wirtschaftlich, kulturell. Rīga, Tallinn und Vilnius haben sich herausgeputzt, der graue Sowjetmief ist einem lebendigen Mix aus eleganten Läden und Galerien, Restaurants und trendigen Cafés gewichen. An Sommerabenden pulsiert in Clubs und Jazzkneipen ein wildes Nachtleben.

Drei Hauptstädte, drei Gesichter. Tallinn betört mit mittelalterlichem Charme. Das historische, meisterhaft restaurierte *Vanalinn* mit seinen Gassen, Wehrtürmen und Kirchen rings um den Domberg zählt zu den schönsten Altstädten Europas. Vergangenheit trifft Zukunft: Es passt in das Bild baltischer Kontraste, dass Autofahrer ihre Parkgebühren hier per SMS bezahlen.

Lettlands Hauptstadt Rīga vereint spielend hanseatische Backsteingotik mit der schwelgerischen Pracht von über 800 Ju-

> **In den Hauptstädten schlägt das Herz der jungen Republiken**

gendstilhäusern, die sich in den üppigsten Gründerzeitquartieren der Welt zu einer Operette aus Stein entfalten. Rings um Dom-, Rathaus- und Livenplatz laden von Frühling bis in den späten Herbst Dutzende Straßencafés ein, das Leben zu genießen.

Vilnius ist anders. Berauschend barock, katholisch, ein bisschen exzentrisch, geheimnisvoll. Litauens Hauptstadt wuchs als Schmelztiegel der Kulturen. In schattigen Hinterhöfen der verwinkelten Altstadt, zwischen alten Klöstern, Dutzenden Kirchen,

1251
Mindaugas vereint die litauischen Kleinfürsten und wird zum ersten (und einzigen) König Litauens gekrönt

1385
Litauisch-polnische Union

1558–1582
Angriff Iwan des Schrecklichen; infolge des Livländischen Kriegs wird das nördliche Estland schwedisch, Livland polnisch

ab 1710
Zarenzeit im Baltikum: Livland und Estland fallen an Russland

1838
Beginn des „nationalen Erwachens"

Kaufmannshäusern und dem prächtigen Universitätskomplex lebt noch der Zauber der litauischen Vielvölkerstadt. Heute betreiben hier viele Künstler ihre Ateliers und Galerien.

An Sommertagen durchweht das lebensfrohe Vilnius ein fast südländisches Flair. Der Osten scheint fern. Das ist auch kein Wunder. Liegt der Mittelpunkt Europas doch gerade eine halbe Autostunde von der litauischen Hauptstadt entfernt. Mancher blickte verwundert auf, als französische Kartografen 1989 den Kontinent neu vermaßen und die Achsen Gibraltar–Ural und Nordkap–Kreta sich in Litauen schnitten. So sehr hatte der eiserne Vorhang das europäische Bewusstsein verschoben, dass der Westen erst allmählich wahrnahm, welchen Aufschwung die baltischen Staaten genommen hatten. Litauen, Lettland

> **Europas Mittelpunkt liegt eine halbe Stunde von Vilnius entfernt**

und Estland zählten jahrelang zu den am stärksten wachsenden Volkswirtschaften in Europa. Die Staatsbetriebe wurden in einem beispiellosen Radikalkurs privatisiert, postsozialistische Krisen und die lähmende Abhängigkeit von russischen Märkten sind überwunden: Drei Viertel ihres Außenhandels wickeln die Ostseerepubliken inzwischen mit der EU und Skandinavien ab.

Doch die globale Krise nahm auf Wirtschaftswunder keine Rücksicht. Die gefeierten Superstars unter Osteuropas aufstrebenden Ökonomien stecken in der Rezession. Als das globale Geldbeben nach der Lehman-Implosion im September 2008 Europa erschütterte, traf es das Baltikum so hart wie nur wenige andere Länder. Weil ein immenser Teil des baltischen Wirtschaftswunders auf Pump finanziert war – wenig Exporte, wenig Wertschöpfung, wenig nachhaltig also und stattdessen angetrieben vor allem von einem Konsum- und Immobilienboom – kehrte sich der Aufschwung nun in einen steilen Absturz um. Es war eine Kettenreaktion: Tausende Firmen wurden zahlungsunfähig und meldeten Insolvenz an. Inflation und Arbeitslosigkeit explodierten, der längst überhitzte Immobilienmarkt brach zusammen. „Es war im Prinzip das gleiche Spiel wie in Spanien und Griechenland", erklärt Morten Hansen, Volkswirt an der Rīgaer Universität. „Nur war die Blase, die hier bei uns platzte, im Verhältnis zur Größe der Länder viel gewaltiger." Die lettische Wirtschaft schrumpfte 2009 um fast 19 Prozent, das größte Minus aller EU-Staaten.

1917/18
Unabhängigkeitserklärungen in Estland, Lettland und Litauen

1939/1940
Hitler-Stalin-Pakt; das Baltikum wird der Sowjetunion zugeschlagen; Einmarsch sowjetischer Truppen ins Baltikum

1941
Ab Juni 1941 Massendeportationen nach Sibirien

1941–44
Deutsche Besatzungszeit; Massenmord an baltischen Juden

1944/45, 1949
Nach Rückkehr der Roten Armee werden erneut Zehntausende deportiert

Ausdauersport auf Estnisch: Hüpfen Sie doch mal von Findling zu Findling zu Findling …

Drei Jahre dauerte die Talfahrt, die Wirtschaft der kleinen Länder erholt sich nur langsam davon. Am weitesten ist Estland, seit jeher Musterknabe des baltischen Trios. Ein beispiellos striktes Sparprogramm, Lohnkürzungen von bis zu 40 Prozent und die geringste Staatsverschuldung in der EU (2011 etwa 6,6 Prozent des Bruttoinlandsprodukts, zum Vergleich: in Griechenland lag sie bei 160, in Deutschland bei 80 Prozent) halfen der kleinsten Ostseerepublik vergleichsweise schnell

In Tallinn geht das Geschäft mit Euro-Münzen-Tattoos gut

aus der Krise. 2011, mitten in den Euro-Untergangsdebatten, führten die Esten ihn als Währung ein. Und feierten das sogar noch. In einem Tallinner Tattoo-Studio kann man sich seither eine Euro-Münze in den Oberarm tätowieren lassen. Das Geschäft geht gut. „Ein merkwürdiges Land", titelte der Spiegel erstaunt.

Ende der 1980er-Jahre
Unabhängigkeitsbewegungen und baltische „Volksfronten" gründen sich

1989
Eine Menschenkette zieht sich zum Gedenken an den Hitler-Stalin-Pakt quer durchs Baltikum

1990
Litauen erklärt sich für unabhängig

1991
Sowjetische Fallschirmjäger erschießen in Vilnius 14 Menschen. Fünf weitere sterben in Riga bei der Erstürmung des Innenministeriums. Nach dem Moskauer Augustputsch erklären sich auch Estland und Lettland für unabhängig

Doch auch das ist halt typisch Baltikum: Optimismus. Hier, zwischen Tallinn und Vilnius, gilt als Maßstab immer noch die Zeit unter Hammer und Sichel – mit den gewaltigen Problemen, nach dem Ende der Sowjetzeit eigene Volkswirtschaften aufzubauen. Vielleicht gab es darum keinen Aufruhr, kaum Demonstrationen, als die Regierungen die Steuern anzogen, als die Löhne sanken und die Arbeitslosigkeit hochschnellte.

Am Ziel Euro halten auch Lettland und Litauen fest. Rīga und Vilnius wollen das „Westgeld" 2014 einführen, obwohl die Wirtschaft hier deutlich größere Probleme hat, wieder auf die Beine zu kommen. Erst Ende 2011 brach Litauens viertgrößtes Bankhaus Snoras zusammen. Es ist ein Teufelskreis: Die „Märkte" misstrauen dem einst gefeierten Baltikum nun, die Rating-Agenturen warnen vor den finanziellen Risiken dort. Die Folge: Ausländische Großunternehmen halten sich mit Investitionen nach wie vor spürbar zurück.

Wer überleben will, hält sich eine Kuh und bestellt seinen Acker

Turbokapitalistisches Wirtschaftswunder und anschließende Krise haben viele Balten zu Verlierern gemacht – vor allem die Rentner, die bei rasant steigenden Preisen mit ihren monatlich 200 Euro kaum überleben können. Die Arbeitslosigkeit liegt offiziell bei knapp 15 Prozent, in ländlichen Regionen ist sie drei- bis viermal so hoch. Das Wohlstandsgefälle zwischen Stadt und Land ist krass. Wer das polierte Rīga in Richtung der lettischen Provinz verlässt, meint aus der Zeit zu fallen. Die Menschen in den verarmten Dörfern des baltischen Hinterlands haben es schwer im neuen EU-Europa. Hier kommen kaum Fördergelder an. Wer überleben will, hält sich eine Kuh und bestellt seinen Acker – für den Eigenbedarf.

Auch die Wunden der Sowjetzeit sind längst nicht vernarbt. Die meisten Balten hatten jahrzehntelang unter der brutalen Besatzung gelitten. Wie schnell alte Vorurteile wachzurufen sind und in Gewalt umschlagen, zeigte sich im Mai 2007 in Tallinn: Die Demontage eines sowjetischen Soldatendenkmals eskalierte zu Straßenschlachten zwischen Polizei und russischen Jugendlichen.

Die Balten sind sehr patriotisch. Wen wundert's? Die Geschichte des Baltikums war jahrhundertelang eine Geschichte fremder Herren: Deutsche, Dänen, Schweden,

1993–99 Abzug der Sowjettruppen

2004 EU-Beitritt

2007 Die drei Staaten beschließen den gemeinsamen Bau eines Atomkraftwerks

2008/2009 Die Banken- und Wirtschaftskrise reißt das Baltikum in eine tiefe Rezession

1.1.2011 Der Euro löst die Estnische Krone als Währung ab

2012 In Lettland scheitert ein Referendum über die Einführung von Russisch als zweite Amtssprache knapp

Rīgas Zentralmarkt ist gut besucht – dank der Kaufkraft lettischer Stadtbewohner

schließlich die Russen – sie alle kamen und okkupierten, was ihnen gefiel in der strategisch günstig gelegenen Ostseeregion. Freie Nationalstaaten auszurufen gelang den Balten erstmals 1918, in den Wirren nach dem Ersten Weltkrieg. Zeugen dieser bewegten Vergangenheit findet man überall im Baltikum: Ordensburgen, alte Landsitze des deutsch-baltischen Adels, Schlösser prächtig wie Zarenpaläste.

Die Geschichte des Baltikums – eine Geschichte fremder Herren

Touristische Geheimtipps sind die Ostseerepubliken längst nicht mehr. Seit dem EU-Beitritt entdecken immer mehr Urlauber das Baltikum. Hits sind natürlich die Hauptstädte, aber auch die Kurische Nehrung, die feinen Badeorte Jūrmala und Palanga, die estnische Insel Saaremaa stehen in der Gunst der Touristen ganz oben. In das Hinterland aber verirrt sich kaum ein Fremder. Dabei gibt es viel zu entdecken in den stillen baltischen Provinzen, und das Kurbad Druskininkai in den tiefen Wäldern des litauischen Südens, die Gauja-Schlucht in Lettland oder die estnische Nordküste sind echte Geheimtipps für Leute, die neue Wege gehen wollen. Unterkünfte bekommt man im Baltikum problemlos, das Angebot reicht von Fünf-Sterne-Luxus über stilvoll restaurierte Landschlösser bis zur Jugendherberge. Wer Land und Leute kennen lernen möchte, nimmt sich am besten ein Privatquartier. Hier wird man es schnell spüren: Der große Reichtum dieser wundervollen Länder sind seine Menschen, gastfreundlich und hilfsbereit.

IM TREND

1 Digitalism

Musik Progressiver Sound erklingt in Nordosteuropa. Insbesondere in Litauen entwickeln Sounddesigner und Komponisten den Elektrosound immer weiter – und überzeugen so auch die, die sonst eher auf Gitarren stehen. Ein solcher Musikkünstler ist *Vidis (soundcloud.com/vidis, Foto)*, der unter anderem in der *Black Pearl Lounge (Savanory pr. 124, Kaunas)* zu sehen ist. Wohin sich die Musik als nächstes entwickelt, ist oft im *CAC (Vokieciu 2, Vilnius)* zuerst zu hören. Dort findet jährlich das *Gaida*-Festival für zeitgenössische Musik statt.

2 Klein & fein

Regioküche Auf die Größe kommt's nicht an. Das *Dorian Gray (Muzeja, Rīga, Lettland)* ist klein, bietet aber ein großes Programm. Modeevents, Kinobrunch und extravagante Kombinationen auf dem Teller. Nur 25 Plätze hat das *Papli (Paply 13, Pärnu, Estland, Foto)* im Angebot, auch das Menü ist überschaubar – die Heidelbeersuppe mit frischem Hüttenkäseeis aber große Kunst. Ein lettisches Tastingmenü zum Durchprobieren gibt es im urigen *Provinvija (Kaļķu 2, Rīga, Lettland)*.

3 Mit Klasse

Nachtleben Mit coolen Undergroundclubs hat sich das Baltikum einen Namen gemacht. Jetzt kommen die Edelclubs! Der *Tarantino Club (Traku 2, Vilnius, Litauen, Foto)* ist die Adresse für Fashionfans, das Publikum ist entsprechend cool gestylt. Umgeben von schweren Säulen wird im *Colonnade (Dzirnavu 57, Rīga, Lettland)* gefeiert. In Tallinns *Café VS (Pärnu 28)* sorgen DJs freitags und samstags für beste Stimmung. Noch heißer wird dem, der die indischen Speisen bestellt.

Zum Versumpfen

Bogshoeing Im Baltikum kann es ganz schön nass sein – vor allem an den Füßen. Die Sumpfgebiete sind ideale Rückzugsorte für Schwarzstorch und Co. und werden nun auch von der jungen Generation als Ausflugsziel entdeckt. An die Füße kommen Moorschuhe. Sie bewahren Wanderer ähnlich wie Schneeschuhe vorm Einsinken. *360° (Sötke, Märjamaa, Estland, www.360.ee, Foto)* organisiert Touren in den Lahemaa- und Kõrvemaapark. Die estnischen *Kaleva Travel Destination Services (www.kalevatravel.ee)* konzentrieren sich auf die Region Rääma. Wer auf eigene Faust die Region erkunden will, macht sich auf den *Viru Bog Nature Trail (im Lahemaa-Nationalpark),* der auf Holzstegen durch das Moor führt. So kann man das schwammige Land ohne nasse Füße erkunden und ohne der Natur allzu nahe zu kommen.

Hier ist Kunst zu Hause

Viertel Zeitgleich entwickeln sich im Baltikum ganze Nachbarschaften zu Künstlervierteln. Eine Art Montmartre im Kleinen ist Užupis in Vilnius (Litauen). Dabei handelt es sich bei dem Stadtteil sogar um eine eigene Republik samt Präsident und Gesetzen. Ein „Staatsbürger" ist die Galerie *Užupio Meno Inkubatorius* mit ihren spannenden Ausstellungen. Im lettischen Rīga hat sich der Industriehafen *Andrejsala (www.andrejsala.lv, Foto)* zu einer Künstlerwelt entwickelt und in *Kalamaja* in der estnischen Hauptstadt Tallinn finden beinahe an jeder Ecke Konzerte, Ausstellungen, Happenings und Aufführungen statt. Lohnenswert ist ein Besuch der Galerie *Art Depoo (Jahu 12, www.artdepoo.com).*

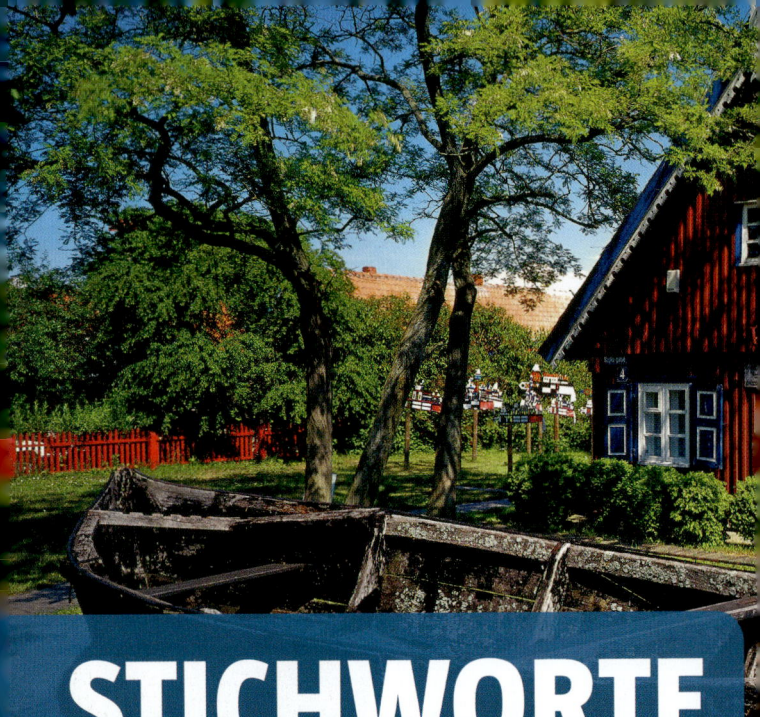

STICHWORTE

BALTISCHE SPRACHEN

Drei Völker, drei Sprachen. Und jede von ihnen so eigentümlich, dass ein Lette einen Esten nicht versteht und der wiederum mit einem Litauer kein Wort zu wechseln vermag. Litauisch ist ein lebendes Fossil. Gemeinsam mit dem Lettischen den Zweig der baltischen Sprachenfamilie bildend, steht Litauisch der indogermanischen Ursprache Sanskrit nahe. Für Ausländer ein Buch mit sieben Siegeln: So viele Fälle hat das Litauische nämlich, dazu eine Lautstruktur aus 59 Phonemen und weitere Klippen, an denen selbst Begabte verzweifeln. Das Lettische kommt ihm noch am nächsten, doch beide Sprachen haben sich in den Jahrhunderten stark auseinanderentwickelt. Zudem gibt es in Lettland viele Dialekte. Völlig aus dem Rahmen fällt Estnisch. Es gehört der finnougrischen Sprachfamilie an, verwandt also mit dem Finnischen und dem Ungarischen. Wer Estnisch lernen will, hat sich viel vorgenommen: Zwar gibt es weder Futur noch Präpositionen, Zischlaute auch keine. Dafür um so mehr Vokale und ganze 14 (!) Fälle.

Mit Russisch haben die drei Sprachen des Baltikums rein gar nichts zu tun. Doch ausgerechnet der ungeliebten Sprache des östlichen Nachbarn fällt im Alltag die Rolle der Lingua franca zu. Wobei sich die Befindlichkeiten hier auch spürbar gelegt haben: Sprache dient der Verständigung. Die jungen Leute haben mit Russisch nur noch wenig am Hut. Sie sprechen Englisch.

Bild: typische Holzhausarchitektur im Heimatmuseum auf der Kurischen Nehrung

Aufschwung, Krise und die Kraft des Gesangs: Der Weg in die Marktwirtschaft führte die jungen baltischen Staaten durch ein tiefes Tal

DEUTSCHE IM BALTIKUM

Dänen, Schweden, Polen, Russen – sie alle zogen durch die baltischen Länder und beherrschten das Gebiet für eine gewisse Zeit. Doch Siedler aus Deutschland waren es, die der Region ihren Stempel aufdrückten. Sie kamen vom 12. Jh. an ins Baltikum: Einige waren beseelt vom Kreuzzugaufruf des Papstes (1199), andere wollten schlicht eine neue Heimat finden. Um den Kreuzzug auch militärisch durchsetzen zu können, wurde 1202 der Schwertbrüderorden gegründet. Aus diesen Rittern ging der deutschbaltische Adel hervor, der ein Großteil der Ländereien in Besitz nahm. Selbst im Zarenreich blieb die Vorrangstellung der Deutschbalten bestehen. Erst nach dem Ersten Weltkrieg verloren diese Grundherren ihre Vorrechte. Die deutsche Geschichte im Baltikum endete mit dem Hitler-Stalin-Pakt. Damals holte Hitler die Deutschen aus dem Baltikum, um freie Bahn für seine eigentlichen Pläne, den Feldzug gegen die Sowjetunion, zu haben. Die meisten Deutschen leben heute noch im ehemals ostpreußischen Memelland und Litauen. Ihr kulturelles Zentrum ist das Simon-Dach-Haus *(www.sdh.lt)*.

HOLZHAUS-ARCHITEKTUR

Sie verschwinden immer mehr aus den Zentren, aber an den Rändern und in kleineren Städten prägen sie immer noch das Bild: die typischen hölzernen Wohnhäuser, wie man sie auch aus Skandinavien kennt. Holz ist der traditionelle Baustoff Nummer eins für die Balten. Wenn wie im estnischen Badeort Pärnu ganze Straßenzüge aus diesen Holzfassaden bestehen, dann ergibt sich eine gemütliche, fast zeitvergessene Atmosphäre. Schöne Beispiele für den baltischen Baustil gibt es auch im Tallinner Stadtteil Kadriorg, im litauischen Kedainiai und in der „Moskauer Vorstadt" von Rīga, hier mit erkennbar russischem Einschlag. Doch nirgendwo im Baltikum blieb ein derart geschlossenes Ensemble alter Holzhäuser aus dem 18. und 19. Jh. erhalten wie in Kuldīga. In der Kleinstadt in der lettischen Provinz Kurzeme (Kurland), die oft Drehort historischer Filme war, hat man das Gefühl, einer versunkenen Zeit auf der Spur zu sein

LEBENSSTANDARD

Der Durchschnittslohn liegt in den baltischen Staaten nach kräftigen Steigerungen in den letzten drei Jahren mittlerweile bei 700 (Litauen) bis 850 (Estland) Euro. Viele verdienen noch etwas dazu, vor allem junge, gut ausgebildete Leute haben oft mehrere Jobs oder gar Firmen. Sie sind diejenigen, die sich den Wohlstand leisten können, über den sich Besucher speziell in den Hauptstädten wundern. Arm dran sind diejenigen, die nicht über die nötige Beweglichkeit für

die baltische Radikalmarktwirtschaft verfügen. Eine regelrechte Armut herrscht vielerorts auf dem Land. Verlierer sind auch die alten Menschen. Die mageren Renten reichen kaum zum Überleben. Die Alten waren die ersten, die die Folgen der Krise zu spüren bekamen. Inzwischen trifft der Wirtschaftskollaps viele: In allen drei baltischen Ländern ist die Arbeitslosigkeit sprunghaft gestiegen; wer noch einen Job hat, verdient bis zu 30 Prozent weniger.

MITTSOMMER

Überall im Baltikum wird die Sommersonnenwende ausgelassen gefeiert. Allerorten brennen in der Nacht vom 23. auf den 24. Juni die Johannisfeuer, man tanzt in bunten Trachten und singt die alten Volkslieder, es gibt spezielle Speisen und Biersorten, die eigens zum „Johannisfest" gebraut werden. Wer in dieser Nacht schläft, wird ein Jahr lang nicht viel Glück haben, heißt es. Das Feiern der Mittsommernacht wurzelt in einem alten heidnischen Brauch, in allen drei baltischen Republiken ist es das beliebteste Fest nach Weihnachten. Der Legende nach können in der kürzesten Nacht des Jahres die Tiere sprechen. Junge Paare gehen in den Wald, um den sagenhaften blühenden Farn zu suchen. Gefunden hat die Blüte noch niemand, doch neun Monate nach dem Fest werden auffällig viele Kinder geboren …

NATURPARADIESE

Elche und Luchse sind scheue Einzelgänger. Im Baltikum finden sie reichlich Lebensraum. Die dichten Wälder, riesige Hochmoore und weite, wie unberührt in sich ruhende Ketten eiszeitlicher Seen zählen zu den Kronjuwelen europäischer Naturlandschaften. Estland hält den Europarekord im Sichten von Vogelarten: 192 verschiedene Spezies beobachtete man dort in 24 Stunden. Heimisch sind im Baltikum freilich noch viel mehr: 355 Vogelarten haben Ornithologen allein in Lettland nachgewiesen, darunter Kostbarkeiten wie Regenbrachvögel, Schelladler, Birkhühner und die scheuen Schwarzstörche, von denen in den lettischen Wäldern über tausend Paare gemeinsam: Sie sind alte Hansestädte. Beinahe 500 Jahre, von Mitte des 12. bis Mitte des 17. Jhs., beherrschte die Hanse als Wirtschaftsgroßmacht den Norden Europas. Auch 14 baltische Städte waren Mitglieder der Hanse. Nach dem 30-jährigen Krieg zerfiel der Handelsbund. 1980 gründeten mehrere Städte im nie-

Das unauffällige Schwarz des Gefieders passt zum Verhalten: Schwarzstörche sind sehr scheu

nisten. Die ostlettische Seenplatte birgt die größte Fischotterpopulation des Kontinents, und in Litauen streifen neuerdings sogar wieder Bären durch die Wälder. Alle drei Ostseerepubliken haben die kostbarsten Refugien als Nationalparks unter Schutz gestellt. Die acht Reservate von den Küstenhochmooren Estlands bis zu den tiefen Wäldern im Süden Litauens sind viel mehr als Ökoreservate, sondern Symbole einer typisch baltischen Naturverehrung.

NEUE HANSE

Rīga und Tallinn, Kaunas und Tartu, Cēsis, Ventspils und Narva haben eines derländischen Zwolle die Neue Hanse, ein altes hansisches Vermächtnis aufgreifend: als Lebens- und Kulturgemeinschaft die wirtschaftliche, kulturelle und soziale Einigung über Grenzen hinweg zu fördern. Dem Zusammenschluss historischer Hansestädte gehören mittlerweile 173 Mitglieder aus 15 Ländern an. Alljährlich richtet eine Stadt den „Hansetag der Neuzeit" aus – bunte interkulturelle Feste, dem europäischen Dialog und der Förderung des Tourismus verpflichtet. Unter den Veranstaltern waren schon Rīga, Tartu, Pärnu und Kaunas. 2015 wird Viljandi/Estland Gastgeber sein. (www.hanse.org)

PFIFFERLING & CO

Der Pilzreichtum der baltischen Wälder ist legendär. Biologen haben etwa 1200 Arten gezählt, 280 davon sollen genießbar und etwa hundert ziemlich giftig sein. Vor allem in Litauen könnten Sie das Waldgemüse beinahe schon als einen Bodenschatz bezeichnen; und tatsächlich hat es der findige Unternehmer Viliumas Malinauskas mit dem Export von Pilzen zum Millionär gebracht.

Lettisches Nationalsymbol:
Freiheitsdenkmal in Rīga

In den tiefen Wäldern Südlitauens sprießen im Herbst derart viele Steinpilze, dass im ganzen Land ein nationales Sammelfieber ausbricht. Busladungsweise schwärmen selbst die Hauptstädter dann zur „stillen Jagd" aus, auf den Wochenmärkten türmen sich frische *grybai*, und in den Restaurants schmeckt nun vieles nach Pfifferling & Co. Im Dzūkija-Nationalpark wird Mitte September sogar ein Pilzfest gefeiert, das *Grybų šventė*. Höhepunkt ist ein Mannschaftswettbewerb im Pilzesammeln.

RUSSISCHE MINDERHEIT

Während der Industrialisierung in der Sowjetzeit wurden nicht nur Hunderttausende Balten nach Sibirien verschleppt – Moskau förderte auch massiv die Ansiedlung von Industriearbeitern aus der Sowjetunion im Baltikum.

Während Litauen nach der Wende seiner – zahlenmäßig geringeren – russischsprachigen Minderheit (ca. 8 Prozent der Bevölkerung) automatisch die litauische Staatsbürgerschaft übertrug, verweigerten dies Lettland und Estland (jeweils ca. 30 Prozent). Dabei schwang sicher auch die Hoffnung mit, dass die vom sowjetischen Regime eingebürgerten Russen nun bald wieder gehen würden. Die aber hatten längst Fuß gefasst, Familien gegründet und eine neue Heimat gefunden. Bis heute müssen Angehörige der russischen Minderheit in Lettland und Estland Sprach- und Wissenstests absolvieren, wenn sie einen Pass ihres Heimatlandes erwerben wollen. Lange Jahre vermieden das die meisten: Sie behielten einfach den alten Sowjetpass, oder nutzten ein baltisches Kuriosum, einen sogenannten Nichtbürger-Pass für die Identifizierung. Erst seit dem EU-Beitritt beantragen Monat für Monat Tausende die Einbürgerung. Kein Wunder: Mit lettischem oder estnischem Pass ist man vollberechtigter EU-Bürger.

SÄNGERFESTE

Der Gesang ist tief in den baltischen Völkern verankert. In Zeiten der Unterdrückung waren Sängerfeste Demonstration nationalen Bewusstseins. Bis heute sind sie zentrale Kulturereignisse.

Die Tradition nahm ihren Ausgang in Estland: Die Vordenker der nationalen Unabhängigkeit wollten sich nicht nur an die Menschen wenden – die Esten selbst sollten die nationale Idee tausendfach artikulieren. Das erste Liederfest überhaupt im Baltikum fand 1869 in der Universitätsstadt Tartu statt, 822 Esten stimmten dort „Mu isamaa on minu arm" an: „Mein Vaterland ist meine Liebe". Vier Jahre später sangen in Rīga mehrere Tausend Menschen mit den alten Dainas für die nationale Freiheit. Litauen nahm die Idee auf. Bis heute nehmen Hunderttausende Bürger teil. Die Feste finden alle vier bis fünf Jahre im Sommer statt, die nächsten in Tallinn (2014), Vilnius (2015) und Rīga (2016).

Ein Glücksfall für die Letten war die Marotte des Mathematikers Krišjānis Barons (1835–1923), die überlieferten lettischen Lieder aufzuzeichnen. Im Laufe der Zeit kamen anderthalb Millionen meist vierzeilige *Dainas* zusammen – eine der größten Sammlungen mündlicher Überlieferungen der europäischen Geschichte überhaupt.

S CHAUKELN, PUCK UND BASKETBALL

Bei ihren Lieblingssportarten gehen die drei baltischen Republiken eigene Wege. Litauen mischt auf dem Basketballfeld in der Weltliga mit. Schon dreimal holte das Land Olympiabronze, und Spiele des Nationalteams sind absolute Straßenfeger: Jede Kneipe, die etwas auf sich hält, stellt dann einen Bildschirm zum Public Viewing auf: Basketball ist eine Religion in Litauen. So ähnlich feiern die Letten ihre Eishockeyhelden. Wintersportarten sind in Lettland sowieso sehr beliebt, doch ganz obenan steht die Jagd nach dem Puck. Als 2006 die Eishockey-WM in Lettland stattfand, wurde in Rīga eigens eine große Eishalle für 12 000 Zuschauer gebaut. Bei Spielen ihrer Nationalmannschaft können auch die sonst eher zurückhaltenden Letten in eine geradezu südländische Euphorie geraten. Vorausgesetzt natürlich, Latvia gewinnt.

Estland hat sich etwas ganz Eigenes kreiert: das Kiiking *(www.kiiking.ee)*. Das heißt auf Estnisch einfach nur „Schaukeln", aber das lässt sich halt richtig in die Höhe treiben! Der Erfinder Ado Kosk verwandelte eine normale Freizeitschaukel mittels Teleskoptechnik in ein Extremsportgerät, auf dem es darum geht, mit möglichst großem Radius einen kompletten Überschlag hinzubekommen. Je länger die Schaukel, desto schwerer ist die Drehung hinzubekommen. Der aktuelle Rekord liegt bei 7,02 m. Nichts für Angsthasen.

VIRTUELL WÄHLEN

Bei den Kommunalwahlen 2005 wurde es erstmals getestet, nun soll es gängige Praxis werden: Wer will, kann in Estland vom Sofa aus per Internet seine Volksvertretung wählen. Die große Verbreitung eines computerlesbaren elektronischen Personalausweises machte dieses Experiment möglich, mit dem Estland weltweit in Führung ging. Doch wird es auch den größten Enthusiasten (Markenzeichen: herausgestelltes E wie in E-stonia) langsam mulmig. Denn die Risiken sind nicht geklärt: Wie fälschungssicher sind virtuelle Wahlurnen? Und sind Wahlen noch geheim, wenn im Kreise der Kollegen oder der Familie abgestimmt wird? Gut möglich, dass das Land, das das Internet als Werbeträger für sich entdeckt hat, bald an Grenzen stößt.

ESSEN & TRINKEN

Dampfende Kartoffelklöße, mit Hackfleisch gefüllt und einer Specksahnesoße übergossen? Für eine Diät empfiehlt sich die traditionelle baltische Küche nicht unbedingt, sie ist deftig, bäuerlich und ziemlich kalorienreich. Doch sie können auch anders zwischen Tallinn, Rīga und Vilnius. Wie wär's etwa mit einem gegrillten Lachssteak im Wasabimantel? Oder vielleicht lieber eine Portion Pfannkuchen mit leichter Dill-Frischkäse-Füllung?

Auch kulinarisch haben die drei Ostseerepubliken längst eine Wende hinter sich. Die Öffnung nach Westen kam da durchaus dem sprichwörtlichen Blick über den Tellerrand gleich. Seither boomt vor allem in den Hauptstädten eine junge, frische, sich immer wieder wandelnde Restaurantszene. Und kreativ, wie die Balten nun einmal sind, kombinieren junge Starköche wie Imre Kose in seinem Tallinner Restaurant Vertigo oder Martins Ritins in Rīga lustvoll Exotisches mit landestypisch bodenständigen Gerichten und Zutaten. Fusionküche liegt voll im Trend, Imre Kose etwa verfeinert Sauerkraut, einen estnischen Klassiker, mit Orange und Ingwer: Traditionelles modern interpretiert.

Daneben hat die internationale Küche Einzug gehalten. Ob mexikanische Schärfe oder feine Nouvelle Cuisine, asiatisch oder mediterran: Wer es mag, kann in den baltischen Metropolen an jedem Urlaubstag eine andere Richtung probieren. Die Esten, Letten und Litauer, vor allem die der jüngeren Generation, haben ihre

Wo Sauerkraut auf Orange-Ingwer trifft: Traditionell Baltisches ist herzhaft, doch die junge Kochszene kann auch ganz anders

Essgewohnheiten verändert. Gutes Essen ist wichtig geworden und Teil einer neuen Erlebniskultur.

Im Alltag vieler Familien freilich sind die Mahlzeiten weniger spektakulär und ähneln dem, was man auch hierzulande kennt und isst. Immer auf den Tisch gehört dabei traditionell Brot. Es steht überall im Baltikum im Rang eines geradezu heiligen Nahrungsmittels, um das sich viele Sprichwörter und Märchen ranken, „Jätku leiba", sagen etwa die Esten, wenn sie sich guten Appetit wünschen: „Möge

euch das Brot reichen." Es gibt viele Sorten, die zu probieren lohnen. Die Letten bevorzugen ihr *Saldskāba maize,* ein dunkles Roggenbrot, oft verfeinert mit dem Nationalgewürz Kümmel, in Estland wird vor allem auf dem Land noch das altbäuerliche, sehr gesunde Gerstenbrot gebacken. Die Litauer haben eine Schwäche für süßere Brotsorten, gern mit Koriander gewürzt.

Bei aller Internationalität, die inzwischen in die baltische Kochkunst einzog, hat sich doch die Liebe zu den traditionellen

SPEZIALITÄTEN

▶ **Aukstais galds (Lettland)** – Schälchen mit Häppchen gibt's bei allen baltischen Völkern zu besonderen Anlässen, z. B.: Schinken, gebackener Fisch, Räucheraal, Gurkensalat, Knoblauchbrot

▶ **Blynai, Blyneliai (Litauen)** – Pfannkuchen mit Fleisch-, Quark- oder Pilzfüllung

▶ **Buberts (Lettland)** – Cremiger, kalt servierter Weizenpudding

▶ **Cepelinai (Litauen)** – Star unter baltischen Gerichten: mit Quark oder Fleisch gefüllter, zeppelinförmiger Kartoffelknödel, gekocht; mit Speck, Schmand und Zwiebeln bedeckt (auch *Didžkukuliai*)

▶ **Eesti Kali (Estland)** – Aus vergorenem Schwarzbrot gebrautes traditionelles Erfrischungsgetränk, löscht gut den Durst und ist alkoholfrei

▶ **Jānu siers (Lettland)** – Johannistags- oder Sonnwendkäse: trockener Hüttenkäse mit Kümmel verfeinert

▶ **Koldūnai (Litauen)** – Teigtaschen mit Fleischfüllung

▶ **Kringel (Estland/Lettland)** – Süßes Mandelgebäck in Brezelform

▶ **Krupnikas (Litauen)** – Honiglikör, mit Kümmel, Nelken und Ingwer verfeinert

▶ **Mulgi kapsad (Estland)** – Geschmortes Schweinefleisch mit Sauerkraut

▶ **Mulgi puder pekikastmega (Estland)** – Südestnischer Kartoffelbrei mit Schinkensud

▶ **Negis (Lettland)** – Sieht aus wie ein kleiner Aal, ist aber ein Flussneunauge und eine typisch lettische Delikatesse, nahezu grätenfrei und sehr schmackhaft. Wird auf verschiedene Weise zubereitet von gebraten bis sauer eingelegt

▶ **Pīrāgi (Lettland)** – Fleischgefüllte Teigtaschen: lettische Piroggen (Foto re.)

▶ **Rasols (Lettland)** – Kartoffelsalat mit Äpfeln, roter Beete und Mayonnaise

▶ **Rūkštynės (Litauen)** – Sauerampfersuppe, ein altes Nationalgericht

▶ **Šaltibarščiai (Litauen)** – Kalter Borschtsch. Erfrischende Sommersuppe mit Roter Beete, Ei und Buttermilch, abgeschmeckt mit Sauerrahm (Foto li.)

▶ **Skābu Kāpostu Zupa (Lettland)** – Sauerkrautsuppe mit Zwiebeln, Möhren, Tomaten, Schinken und Sauerrahm

▶ **Sült (Estland)** – Sülze

▶ **Suitsukala (Estland)** – Räucherfisch, meist Lachs oder Forelle, Spezialität entlang der estnischen Küste

▶ **Suktiniai (Litauen)** – Fleischrouladen mit Speck oder Ziebeln gefüllt

▶ **Zagareliai (Litauen)** – Pasteten zum Dessert, evt. mit einem Schuss Rum

Gerichten behauptet. Estlands Nationalgericht ist nach wie vor *Sult:* Fleisch in Aspik, Sülze eben, vorzugsweise vom Kalb. Dazu gibt's nach alter Sitte *Hapukapsas,* zu gut Deutsch Sauerkraut. Typisch für die lettische Küche ist die Vorliebe für Suppen – und fürs Säuerliche. Ihr Nationalgericht *Putra,* gekochte Gerstengrütze, ist für die Letten erst komplett, wenn sie es kräftig mit Sauerrahm abgeschmeckt haben. Die Litauer verehren in ihrer traditionellen Küche die Kartoffel. Es gibt angeblich an die hundert Rezepte, doch ganz obenan stehen ohne Zweifel die *Cepelinai,* gekochte Kartoffelklöße, mit Hackfleisch, Käse oder Pilzen gefüllt und einer sahnigen Specksoße übergossen.

Die Geschichte des Baltikums ist die Geschichte fremder Herren, und die prägten natürlich auch die Küche der drei Ostseevölker. Aus Deutschland etwa stammt die Tradition der baltischen Kohlgerichte, auch den *Kartulisalaad,* wie die Esten ihren geliebten Kartoffelsalat nennen, brachten einst deutsche Hansekaufleute mit. Am kräftigsten schmeckt Russland durch, und ob nun *Blini,* die hauchfeinen, herzhaft bis süß gefüllten Pfannkuchen aus Buchweizenteig oder die berühmten Piroggen: Russische Nationalgerichte sind auch auf vielen baltischen Speisekarten zu finden und hier längst zu eigenen Kreationen adaptiert. Russlands Rote-Bete-Eintopf Borschtsch etwa firmiert in Litauen als *Šaltibarščiai* und wird hier kalt serviert, mit viel Sahne versetzt: an heißen Sommertagen eine Köstlichkeit.

Die Getränke des Alltags sind die, die man auch aus Deutschland kennt: Tee und Kaffee. Berühmt ist das Baltikum seit jeher für sein Bier. Die Brautradition ist viele Jahrhunderte alt, jedes Land und dort noch einmal jede Region schwört auf ihre eigene Sorte. Beliebt sind das lettische *Cesu,* das in Klaipėda gebraute *Švyturis* oder das estnische *Saku.* Viele Restaurants servieren ihre eigenen Braukreationen, und alle drei baltischen Länder feiern im Sommer ihr Bierfestival. Wodka indes, einst von den Tischen jeder Feier nicht wegzudenken, ist auf dem Rückzug. Am ehesten sind die alten

Baltischer Bodenschatz: Pilze

Trinksitten noch auf dem Land verbreitet, in den Dörfern, wo von Internationalität und hauptstädtischer Westlichkeit kaum etwas zu spüren ist. Hier wird baltische Hausmannskost serviert, zubereitet aus frischen Zutaten, wie sie der Garten und die Natur liefern: Gemüsesalate, Selbstgeräuchertes, Kräuterquark. Und alles hat seine Saison. Der Frühling an der Küste: Heringszeit. Der Herbst liefert frische Pilze aus den tiefen Wäldern. Der Sommer lässt hier Erdbeeren reifen, die noch nach Erdbeeren duften und schmecken. Ein Bummel über einen baltischen Bauernmarkt wird dann zum Erlebnis für alle Sinne. Bio steht hier nirgends dran. Hier ist alles bio.

EINKAUFEN

(Super)marktwirtschaftlich ist das Baltikum längst in Europa angekommen. Von Narva bis Marijampole beherrschen Discounter die Einkaufswelt und bieten eine Warenauswahl, die dem Westen in nichts nachsteht. Im Gegenteil: Einkaufszentren wie das gigantische Akropolis in Vilnius oder das Viru keskus vor den Toren Tallinns kennt man sonst nur aus Amerika. In diesen Shoppingtempeln, groß wie Flugzeughangars mit bis zu 80 Kassen, in Stahl-Glas-Architektur gehüllt und umschwärmt von Ladenstraßen aus Boutiquen, verbringen baltische Familien ganze Tage. Die meisten Supermärkte haben bis spät abends geöffnet, viele gar bis Mitternacht und sieben Tage die Woche.

KONFEKT

Berühmt waren die baltischen Länder schon zu alten Zeiten für ihr Konfekt. Ob *Kalev* (Estland), *Rūta* (Litauen) oder die legendäre *Laima*-Schokolade (Lettland): süße Tipps, um nach dem Urlaub noch lange an das Baltikum zurückzudenken.

KRÄUTERLIKÖRE

Wollen Sie etwas echt Baltisches mit nach Hause bringen, geht es auch hochprozentig. Die Ostseevölker verstehen sich traditionell sehr gut auf die Herstellung kräftiger, aromatischer Kräuterliköre. Legendär und als Souvenir hochbeliebt ist Rīgas *Schwarzer Balsam*. Auch in Litauen gibt es diesen abgründig dunklen Kräuterschnaps, hier unter der Bezeichnung *Balzamas*. Eine Institution estnischer Spirituosen ist der *Vana Tallinn*. Niemand kann einem so recht sagen, woraus der süße Likör eigentlich besteht, fest steht nur: Er hat's in sich und schmeckt so nachhaltig gut, dass schon die Zaren dafür ihren Wodka stehen ließen.

MÄRKTE

Landestypischer und günstiger als in den westlich gestylten Einkaufszentren geht es auf den traditionellen 🌀 Märkten (Mo–Sa 9–17 Uhr) zu, die nach wie vor fast allerorten im Baltikum zum Stadtbild gehören. Auf ihnen verkaufen die Bauern und Kleingärtner ihre Produkte. Alles ist frisch, alles ist bio – ohne dass es extra dranstehen muss. Hier gibt es Äpfel, die noch schrumpelig aussehen dürfen, Obst und Gemüse eimerweise, im Herbst Berge von Pilzen. Auf den Märkten schlägt der Puls des baltischen Alltagslebens.

Balsam für Leib und Seele: Die Souvenirs sind so verschieden wie die baltischen Länder, aber wurzeln in lebendigem Kunsthandwerk

Eine Klasse für sich in dieser ursprünglichen Welt des Gebens und Nehmens ist der Zentralmarkt in Rīga. Den größten und ältesten Markt Nordeuropas zu erleben ist eigentlich ein Muss jeder Baltikumreise.

SOUVENIRS

Wer ein typisches baltisches Souvenir sucht, wird in jedem der drei Länder etwas anderes entdecken. In Litauen führt selbstverständlich kaum ein Weg am „Gold der Ostsee" vorbei. Die Bernsteinmeister sind hierzulande wirkliche Könner ihres Fachs. Angeboten wird Bernstein in Litauen in so gut wie jedem Souvenirladen, die größte und schönste Auswahl findet sich an der Küste, bei den Juwelieren der *Bernsteingilde von Palanga*, vor allem in Nida auf der Kurischen Nehrung. Berühmt sind die Litauer auch seit jeher für die Holzschnitzereien, es ist die älteste Tradition ihrer naturreligiös beseelten Volkskunst.

In Lettland und Estland sind die traditionellen Handarbeiten weit verbreitet, von gewebten, fein bestickten Leinentischdecken bis zu den etwas kratzigen, aber originellen Strickpullovern, unter denen die *Kihnu trois* von der estnischen Insel Kihnu als die schönsten gelten.

Immer wieder werden Sie auf Ihrer Baltikumtour erleben, wie sehr traditionelles Weben und Stricken, Schnitzen, Töpfern und Schmieden dort noch zur Alltagskultur gehört. Kein Wunder: Ihre Kunst und Kultur zu bewahren, war in allen drei Ostseerepubliken Teil gelebter nationaler Identität und Zeichen stillen Widerstands gegen die Sowjetisierung.

In Zeiten des aufblühenden Tourismus haben sich viele Kunsthandwerker auf Souvenirs spezialisiert. Das schönste Angebot finden Sie in den großen ethnografischen Freilichtmuseen, die es in allen drei Ländern gibt. Oder besuchen Sie einen der Kunsthandwerksmärkte, die im Sommer im Rahmen vieler baltischer Volksfeste stattfinden.

DIE PERFEKTE ROUTE

VOM TOR ZUR WELT IN DIE RUHE DES WALDKURBADS

① *Klaipėda* → S. 79, Litauens Tor zur Welt, ist der ideale Startpunkt für eine Tour durch das Baltikum. Zur Einstimmung bummeln Sie durch die beschauliche Altstadt zum Kastellhafen und setzen mit der Fähre einmal zur **②** *Kurischen Nehrung* → S. 82 über. Von Klaipėda aus führt die Straße nun zunächst durch das alte Memelland nach **③** *Kaunas* → S. 73. Litauens heimliche Hauptstadt lädt mit vielen Museen zur Kultour ein. Ihr nächstes Ziel ist der Waldkurort **④** *Druskininkai* → S. 95, das „Karlsbad des Baltikums". Hier reihen sich die Sanatorien aneinander und im skurrilen *Grūtas-Park* die Lenindenkmäler.

WO EUROPA SEIN ZENTRUM HAT

Weiter geht's nach **⑤** *Trakai* → S. 95. Den schönsten Blick auf die Inselburg genießen Sie von einem Segelboot aus. Litauens barocke Metropole **⑥** *Vilnius* → S. 87 hingegen entdecken Sie am besten vom Kathedralenplatz aus. Von hier liegt alles nahe: die Altstadt mit ihren mehr als 40 Kirchen, der Burgberg, die legendäre *Republik Uzupio*. Auf der A 14 fahren Sie nun nordwärts. Kurz hinter Vilnius lohnt ein Stopp am **⑦** *Mittelpunkt Europas* → S. 76. In Utena biegen Sie rechts ab auf die 114 nach Palūšė im **⑧** *Aukštaitija-Nationalpark* → S. 94, die schönste Seenplatte des Baltikums. Die Imker hier sind berühmt für den Waldhonig, unbedingt probieren!

LITAUISCHES GOLGATHA

Die Route führt jetzt durch das sanfte litauische Hochland nach *Siauliai*. Nördlich der Stadt ragt neben der A 12 ein Hügel auf: der **⑨** *Berg der Kreuze* → S. 82, ein nationales Heiligtum Litauens. Von der Grenze zu Lettland merken Sie kaum noch etwas, bald ist **⑩** *Jelgava* → S. 69 erreicht, das riesige Schloss birgt eine gruselige Gruft. Die Fernstraße A 8 führt auf Rīga zu, doch die Metropole muss warten. Nächstes Ziel ist der **⑪** *Gauja-Nationalpark* → S. 57. Aus der Seilbahn, die von *Sigulda* zur *Burg Krimulda* übersetzt, ist der Blick in das felsengesäumte Tal atemberaubend.

TALLINNS SÜSSE VERSUCHUNG

Die Landschaft wird jetzt nordischer. In *Valga/Valka* wechselt erneut die Flagge: Willkommen in Estland. Nach der feinen Universitätsstadt **⑫** *Tartu* → S. 50 und einem Abstecher an den **⑬** *Peipus-See* → S. 53 lassen Sie sich in **⑭** *Tallinn* → S. 44 (Foto o. li.) vom hanseatischen

Erleben Sie die vielfältigen Facetten des Baltikums zwischen Binnenland und Küste von Litauen über Lettland bis Estland und zurück

Flair der Altstadt verzaubern und genießen im *Café Maiasmokk* das Marzipankonfekt: Hier wurde es erfunden. Tausende Inseln säumen die estnische Küste, eine sollten Sie erleben: ⑮ *Saaremaa* → S. 41. Wieder zuück auf dem Festland, ist es nicht mehr weit bis ⑯ *Pärnu* → S. 37 (Foto u.). Badesachen raus und ab an den Strand, er ist der Hauptgrund für den Titel „Estlands Sommerhauptstadt".

IN DER METROPOLE DES JUGENDSTILS

An der Ostsee führt die Küstenstraße wieder südwärts durch einsame baltische Landschaft, wer wildromantische Natur mag, findet hier viele Paradiese. Adelig übernachten kann man wunderbar etwas abseits der Strecke im *Schloss Bīriņi*, einem der schönsten restaurierten Herrensitze im Baltikum. Dann endlich: ⑰ *Rīga* → S. 61. Nehmen Sie sich Zeit, die Pracht von Altstadt und Jugendstil ist kaum an einem Tag zu schaffen. Probieren Sie ein

typisch lettisches Gericht im *Kaļķu Vārti*, dazu ein frisch gebrautes Bier und abends zum Absacker einen *Melnais Balzams,* Rīgas berühmten schwarzen Kräuterbitter.

KÜSTENWILDNIS UND HARDROCKCAFÉ

Auf der Fahrt durch das berühmte Seebad ⑱ *Jūrmala* → S. 69 zum sturmumtosten *Kap Kolkas* bietet die Ostsee ein Kontrastprogramm von noblen Villen, Partytrubel, Fischerdorfidylle, einsamen Stränden und dem wilden Küstenurwald des ⑲ *Slītere-Nationalparks* → S. 71. In ⑳ *Liepāja* → S. 58 machen Sie im Hardrockcafé die Nacht zum Tag, ehe der baltische Kreis sich schließt. Zum Abschluss lassen Sie sich in ㉑ *Palanga* → S. 85 an den Strand fallen, bestaunen ein Schloss voller Bernstein. Und dann abends zum Sonnenuntergang auf die Seebrücke – schöner kann die Rundreise kaum enden.

2500 km. Reine Fahrzeit 50 Stunden. Empfohlene Reisedauer: drei Wochen. Detaillierter Routenverlauf auf dem hinteren Umschlag, im Reiseatlas sowie in der Faltkarte.

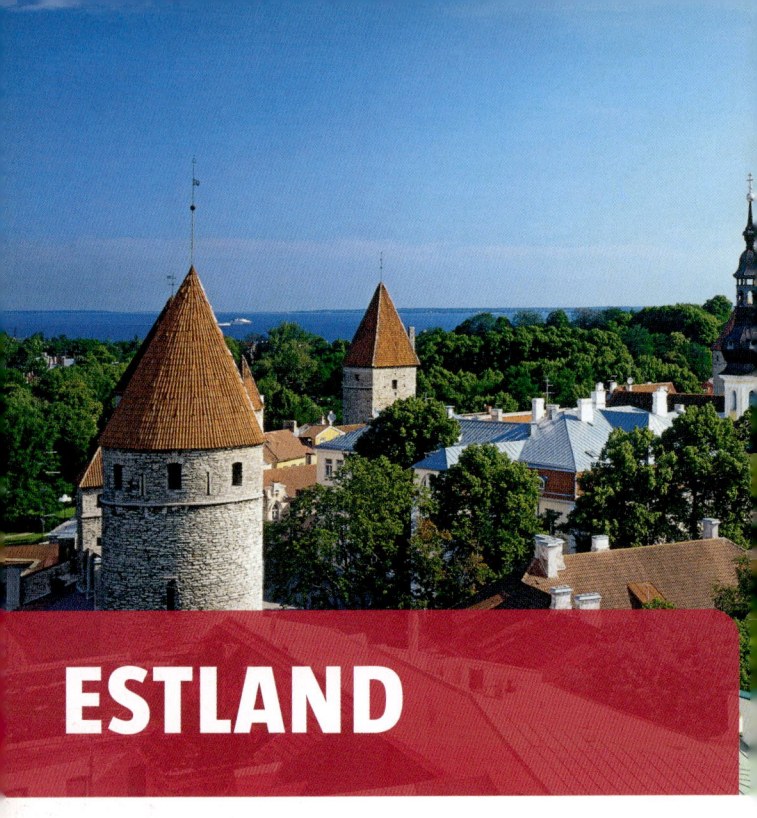

ESTLAND

Estland (estn.: Eesti) ist so etwas wie das Skandinavien des Baltikums. In der Natur wirkt alles nordischer, Nadelwälder prägen die Landschaft und riesige Hochmoore, in denen Elche hausen. Die Menschen fühlen sich – geografisch, sprachlich und mental – sehr dem benachbarten Finnland verbunden. Esten gelten als Individualisten. Sie sind ruhige Leute, wortkarg, in sich gekehrt. Die Ostsee nennen sie hier „Westmeer".

Estland ist die kleinste der drei Baltenrepubliken, doch seine Küste bringt es auf stolze 3800 km Länge. Sandstrände, von Kiefernwäldern gesäumt, zerklüftete Kalksandkliffe, einsame Inseln. Ein Gesamtkunstwerk baltischer Küstennatur. Welch ein Kontrast zur Hauptstadt. Kopfsteinpflastergassen, von spitzgiebeligen Kaufmannshäusern gesäumt, gotische Kirchtürme, die am Sommerhimmel kratzen: Tallinn darf sich einer der schönsten Altstädte Europas rühmen, hansisch-mittelalterlich geprägt und meisterhaft restauriert. Grauer Sowjetmuff ist einem Mix aus eleganten Läden, Restaurants und trendigen Cafés gewichen, und wenn etwas allgegenwärtig ist, dann das Handy, mit dem man hier sogar die Parkuhr fürs Auto bezahlt, den Stadtbus, die Kinokarte. Tallinn ist Estlands Kopf und Herz. Jenseits der Hauptstadt fließt das Leben viel gemächlicher. Doch eines gibt es in diesem ruhigen Land selbst im kleinsten Dorf: Internet for free. Die blau-weißen Schilder mit dem @-Zeichen sind so typisch estnisch wie die Sängerfeste und die Kornblumen im Mai.

Bild: Tallinn, Blick vom Domberg auf die Unterstadt

Wo die Ostsee „Westmeer" heißt: Estland fasziniert mit nordischer Natur, viel Küste und einer hanseatisch geprägten Hauptstadt

NARVA

(133 F2) (🗺 M3) ⭐ **Wie grimmige Wächter stehen sich in der Stadt im Nordosten der EU zwei mittelalterliche Festungen gegenüber, nur getrennt durch den Narva-Grenzfluss: die estnische Hermannfeste und die Burg Iwangorod auf russischer Seite.**

Sie markieren seit jeher symbolhaft die Kultur- und Wirtschaftsgrenze zwischen Ost und West. Narva wuchs als Estlands Vorposten zu Russland. Vom historischen Kern dieser geschichtsträchtigen Stadt ist leider nicht viel erhalten, das alte Narva wurde 1944 in schweren Kämpfen großenteils zerstört. Heute sind 90 Prozent der etwa 70 000 Einwohner Narvas Russen.

SEHENSWERTES

FESTUNG (HERMANNI LINNUS) ☼

Die Festung wurde von den Dänen auf-, vom Deutschen Orden und später den Schweden umgebaut. Die Ordensritter tauften sie Hermannsfeste. 1492 bauten die Russen die Feste Iwangorod am anderen Flussufer. Peter dem Großen gelang es 1704, Narva zu erobern, die eine der am besten gesicherten Festungen Nordeuropas war. Heute birgt das

Ob bei so viel mittelalterlichem Monumentalismus die kleinen Fische noch beißen mögen?

Bauwerk Narvas *Stadtmuseum (www. narvamuuseum.ee)*. Vom Festungsturm aus, *Pikk Hermann* (Langer Hermann) genannt, hat man einen schönen Blick ins Grenzland. Nach dem Burgrundgang können Sie ins Café-Restaurant *Castell (Tel. 3 59 92 57 | €€)* einkehren, im Sommer sitzt es sich schön draußen auf der ☼ Terrasse mit Fluss- und Russblick. *Mi–So 10–18 Uhr | Peterburi 2 | Zugang hinterm Petersplatz | bastion.narva.ee*

KREENHOLM-MANUFAKTUR
Nahezu unbeschadet hat das Kreenholm-Viertel auf der gleichnamigen Insel im Süden der Stadt die Wirren der Zeit überstanden. Die Ziegelbauten der einstigen Textilmanufaktur stammen aus dem 19. Jh. *Mo–Fr 9–17 Uhr | Kose 25*

Kamin. *Lavretsovi 9 | Tel. 3 57 24 04 | www. hotelking.ee | €–€€*

ÜBERNACHTEN

NARVA
Das modernste Haus der Stadt, mitten im Zentrum. *48 Zi. | Puškini 6 | Tel. 3 59 96 00 | www.narvahotell.ee | €€*

AUSKUNFT

Puškini 13 | Tel. 3 56 01 84 | tourism.narva.ee

ZIEL IN DER UMGEBUNG

ONTIKA PANKE (133 E1) (*Ⓜ L3*)
Estlands höchste Steilküste. Bis zu 56 m ragt der *Baltische Glint* bei Ontika (70 km

westlich von Narva) über der Ostsee auf, hier stürzt auch der Wasserfall *Valaste* ins Meer (etwas schwierig zu finden, bei Toila östlich von Ontika auf das Schild Valaste Oja achten). Wer länger bleiben möchte: Das **INSIDER TIPP** *Saka Cliff Hotel & Spa (33 Zi. | Saka Mois | Tel. 3 36 49 00 | www.saka.ee | €€)* liegt nahe am Strand und vermietet auch Leihfahrräder sowie einige Caravan-Plätze.

PÄRNU

(131 E5) (*m G6*) ⭐ **Immer Mitte Juni bekommt der Bürgermeister des früheren Pernau von seinem Tallinner Amtskollegen einen symbolischen Schlüssel überreicht.**

Damit avanciert das Seebad Pärnu (50 000 Einwohner) für einige Wochen zu Estlands offizieller „Sommerhauptstadt". Das Gastspiel währt bis Ende August und gipfelt in einem rauschenden Abschlussfest, zu dem viel Prominenz kommt; so trifft man hier schon mal den Ministerpräsidenten in bester Sommerlaune.

Pärnu ist seit 1838 als Kurort anerkannt. Nicht nur des breiten, kilometerlangen und windgeschützt gelegenen Strands wegen: Dem Ostseeschlamm an der estnischen Westküste wird heilsame Wirkung zugeschrieben.

SEHENSWERTES

ALTSTADT (KUNINGA)

Die kleine, im Sommer v. a. von Kurgästen bevölkerte Altstadt drängt sich auf einer Halbinsel zwischen Strand und Pärnu-Fluss. Haupteinkaufsstraße ist die *Rüütli,* wo Sie zwischen hübschen Holzhäusern, Geschäften und Cafés schön bummeln können und auch die Touristeninformation sowie das Stadtmuseum *(Mi–So 11–18 Uhr |* **INSIDER TIPP** *1. Mittwoch im Monat Eintritt frei | Aida 3 | www.pernau.ee)* finden, interessant für Archäologiefans. Sehenswert: das hübsche *Mohrsche Haus (Rüütli 21)* mit dem Hufeisen in der Fassade, der *Rote Turm (Punane Torn)* als Rest der mittelalterlichen Stadtmauer und das klassizistische *Rathaus (Raekoda)* mit seiner schönen Tür und Jugendstilanbau an der Ecke Uus/Nikolaistraße. Am westlichen Eingang der Kuninga zeugt das *Tallinner Tor (Tallinna Värav)* als einziges erhaltenes Stadttor von der Befestigungsanlage aus dem 17. Jh. Hinter dem alten Wallgraben am Tor erstreckt sich ein kleiner Park.

KIRCHEN

Die 1768 geweihte russisch-orthodoxe Katharinenkirche *(Kathariina kirik | Mo–Fr 11–18, Sa/So 9–18 Uhr | Vee 8)* gilt, obwohl doch eigentlich ein Symbol der zaristisch-russischen Besatzung, als eine der schönsten Barockkirchen Estlands. In der Nähe steht die protestantische Elisabethkirche (1747), gewidmet ebenfalls einer Zarin, nämlich Elisabeth II. Wunderschöne Barockorgel, ein Konzert lohnt sich. *Mo–Sa 12–18, So 10–13 Uhr | Eliisabeti kirik, Nikolai 22*

MUSEUM FÜR MODERNE KUNST (PÄRNU UUE KUNSTI MUUSEUM)

Die einstige Parteizentrale ist heute Kunstzentrum, das auch unter dem Namen „Chaplin" firmiert und außer Wechselausstellungen auch eins der besten Souvenirgeschäfte des Seebads bietet. *Tgl. 9–21 Uhr | Esplanaadi 10 | www.chaplin.ee*

ESSEN & TRINKEN

ALEX MAJA

Gemütliches Restaurant in einem Altstadthotel mit sehr guter europäischer Küche, Spezialität des Hauses ist Lachs in Blätterteig. Abends oft Livemusik. *Kuninga 20 | Tel. 4 46 18 66 | www.alexmaja.ee | €€*

SEEGI MAJA

Spätmittelalterliches Ambiente, passende Speisekarte. Das stilvolle Restaurant

Viel Platz, Sand und Wasser 1 a: Der Strand von Pärnu – einer der schönsten im Baltikum

in der Altstadt bietet den wohl besten Weinkeller der Stadt. *Hospidali 1 | Tel. 4 43 05 50 | www.seegimaja.ee | €€*

TRAHTER POSTIPOISS
Beste altrussische Küche in einer ehemaligen Poststation von 1844. Im Sommer sitzt es sich am schönsten im Innenhof. *Vee 12 | Tel. 4 46 48 64 | www.trahterpostipoiss.ee | €€*

FREIZEIT & SPORT

FAHRRADVERLEIH CITY BIKE ●
Organisiert auch **INSIDER TIPP** geführte Rad- und Kanutouren in Pärnu und Umgebung. *Tgl. 10–20 Uhr (Juni–Aug.) | Seedri 4, im Maritime-Hotel | Tel. 56 60 80 90 | www.citybike.ee*

STRAND

Gleich hinter den Cafés und Diskos entlang der Ranna-Straße sind Sie an einem der schönsten und saubersten Strände des Baltikums, an dem die Blaue Flagge weht, das europäische Signet für höchste Umweltstandards. Weitere Strände schließen sich in südlicher Richtung an: Auch im 6 km entfernten *Valgerand*, in *Kabli* und *Matsiraand* lässt es sich prima baden.

AM ABEND

CLUB TALLINN
Der Club im Seitenflügel des Kursaals zählt seit Jahren zu den angesagtesten Tanzläden Pärnus. Beliebt bei den Studenten. *Di–Sa ab 22 Uhr | Mere 22*

KONZERTHAUS
Estlands modernstes Konzerthaus bietet im Sommer allabendlich ein Programm von Pop bis Klassik. Auch eine Besichtigungstour hinter die Kulissen lohnt sich. *Aida 4 | Tel. 4 45 58 10 | www.concert.ee*

ÜBERNACHTEN

TERVISE PARADIIS SPA
Wer den Funktionalismus großer, moderner Hotelkomplexe mag, ist hier richtig. Das Tervise liegt direkt an der neuen Strandpromenade und hat alles, was einen Ostseeurlaub von Regenwolken unabhängig macht: Spaßbad, Fitnesscenter, Bowling, Bars, Kasino und ein gutes Restaurant. *120 Zi. | Side 14 | Tel. 4 45 16 00 | www.tervisepa radiis.ee | €€–€€€*

VICTORIA
Von der Lobby bis zu den Zimmern stilvoll restauriertes Jugendstilhotel in der Altstadt. *23 Zi. | Kuninga 25 | Tel. 4 44 34 12 | www.victoriahotel.ee | €€–€€€*

VILLA AMMENDE
Edle, individuell eingerichtete Zimmer in einer Jugendstilvilla mit Garten. Probieren Sie auch **INSIDER TIPP** die feine mediterrane Küche des Restaurants. *24 Zi. | Mere 7 | Tel. 4 47 38 88 | www.ammende.ee | €€€*

AUSKUNFT

Rüütli 16 | Tel. 4 47 30 00 | www.visitparnu.com

ZIELE IN DER UMGEBUNG

KIHNU (131 D5) (*Ø F6*)
Beim Tagesausflug auf die 50 km von Pärnu entfernte kleine Insel werden Sie sehen: Viele Frauen tragen noch die traditionellen dicken, gestreiften Röcke. Hier werden auch **INSIDER TIPP** original Kihnu-Pullover von Hand gefertigt. Es gibt nur drei Dörfer und kein Hotel, aber ein kleines Restaurant, das bei Bedarf öffnet. Am Munelaid-Hafen ca. 40 km von Pärnu (Busverbindung!) legt die Fäh-

re *(erstes Schiff nach Kihnu Mo–Sa 9, So 10 Uhr, letztes Schiff zurück tgl. 16.15 Uhr)* ab. Infos zu Kihnu im Munelaid-Hafen bei der Firma *Kihnurand (Tel. 4 46 99 24).*

SOOMAA ★
(132 A–B 4–5) *(ⵗ G–H 5–6)*
Ein Besuch des Nationalparks Soomaa, zwischen Pärnu und Viljandi gelegen, soll-te bei einer Reise nach Estland nicht fehlen. Das 370 km² große Reservat aus Seen, Flüssen, Mooren und Wäldern, Lebensraum für Schwarzstorch, Luchs, Fischotter und mehrere seltene Adlerarten, zählt zu den Kronjuwelen geschützter Ostseelandschaften. Im Soomaa-Park können Sie hervorragend wandern. Bei Viljandi gibt es neben Flüssen und unberührten Seen Hochmoore, die Sie unbedingt begehen sollten. Einen Wanderführer vermittelt Ihnen das Besucherzentrum in Körtsi-Tõramaa (zwischen den Dörfern Riisa und Tipu) etwa 40 km nordöstlich von Pärnu. Dort gibt's jede Menge Detailinfos über Lehrpfade, Wanderhütten, Reiterhöfe und Angelmöglichkeiten. Anfahrt: *von Pärnu zunächst auf der Fernstraße 5, dann über Tori und Riisa oder auf den Straßen 6 und 92 über Kopu und Tipu, jeweils der Ausschilderung „Rahvuspark" (dt. Nationalpark) folgen (23 km).* Das Zentrum liegt mitten im Wald hinter dem Dorf *Tipu* (Tel. 4 35 71 64 | www.soomaa.ee). Informationsbüro in Viljandi: *Vabaduse 4 | Tel. 4 33 05 95.* Unterkunft in Viljandi: *Peetrimõisa | 6 Zi. | Pirni 4 | Tel. 4 34 30 00 | www.peetrimoisavilla.ee | €* Das ☺ **INSIDER TIPP** Ökotourismus-Zentrum *Soomaa.com* hält das ganze Jahr über ein großes Aktivprogramm bereit von Kanutrails bis zu Workshops zum Einbaum-Bau und vermittelt Holzhäuser mitten in der Wildnis. Sogar in einer schwimmenden Sauna können Sie hier schwitzen. *Tel. 5 06 18 96 | Saarisoo | www.soomaa.com*

TORI (131 F4) *(ⵗ G5)*
Das Gestüt Tori, 20 km nordöstlich von Pärnu, züchtet seit fast zwei Jahrhunderten die gleichnamige estnische Pferderasse. Ausritte, Kutschfahrten, Ponyreiten für Kinder. *Tori Hobusekasvandus | Pärnu 13 | Tori vald | Tel. 4 46 60 80 | www.tori hobune.ee*

LOW BUDGET

▶ *Old Town Backpackers* beim alten Dominikanerkloster ist ein beliebtes Hostel in Tallinns Altstadt. Geschlafen wird im großen Saal. Muss man mögen. Aber man trifft oft interessante Leute und bekommt manchen Reisetipp gratis. *Uus 14 | Tel. 5 17 13 37 | www.balticbackpackers.com*

▶ Eine Estlandreise ohne Saunabesuch ist nicht komplett. Günstiger, volksnäher als in Hotelsaunen und herrlich altmodisch schwitzt es sich im *Kalma Saun,* dem ältesten öffentlichen Bad Tallinns. *Vana-Kalamaja 9*

▶ In den Wohnheimen der Universität Tartu, *Pepleri (Narva mnt 27)* und *Raatuse (Kreutzwaldi 52),* gibt's während der Semesterferien einfache und saubere Unterkünfte. Sie liegen nicht mitten im Zentrum, sind aber für Tartuer Verhältnisse unschlagbar günstig. *Tel. 7 40 99 55 | www.kyla.ee*

▶ Wenn der große Hunger kommt: Leckere Pfannkuchen in XXL-Portionen gibt's in Tallinn supergünstig bei *Kompressor,* eine der beliebtesten Studentenfutterstellen der Stadt. *Rataskaevu 3 | Tel. 6 46 42 10*

SAAREMAA

(130 A–C 4–6) (🗺 C–E 5–7) ⭐ ● **Zerklüftete Buchten, von Kiefernwald
gesäumt, Sandstrände und wildroman-**

INSIDER TIPP ▶ BÄRENSEE (KARUJÄRV)

Traumhafter Badesee mit Sandstrand
mitten in einem Naturschutzgebiet,
umgeben von Wald und wilden Beeren-

Augen auf beim Wandern im Soomaa-Nationalpark! Nicht, dass Sie Luchs, Adler und Co. verpassen

**tische Kliffe, Wacholderheiden, Schot-
terwege statt Asphalt.**
Auf Saaremaa (früher Ösel), der größten der rund 1500 estnischen Inseln,
ist alles noch ein bisschen urwüchsiger,
noch einsamer als auf dem Festland. Zu
sowjetischer Zeit war Saaremaa Militär-
sperrgebiet. Seit dem Abzug der Besatzer
hat sich die „Inselhauptstadt" Kuressaare in ein kleines Zentrum des Wellness-
tourismus verwandelt. Anreise mit der
Autofähre *(2 Personen und PKW 6 Euro |
Abfahrten unter www.laevakompanii.ee)*,
die das Städtchen Virtsu im Zweistunden-
takt mit der vorgelagerten Insel Muhu
verbindet, von der ein schmaler Damm
nach Saaremaa führt. Von Tallinn aus
gibt's auch Flüge *(www.avies.ee)*.

sträuchern. *Ca. 22 km nordwestlich von
Kuressaare hinter Kärdla*

KURESSAARE
Wahrzeichen der beschaulichen Inselhauptstadt (16 000 Ew.) ist die kompakte,
würfelförmige *Bischofsburg (Kuressaare
linnus)* aus dem 14. Jh., einst erbaut als
Residenz des westestnischen Bischofs, im
Nordischen Krieg kurz und klein gehau-
en und erst nach 1762 wieder aufgebaut.
Original erhalten ist das auf massiven
Pfeilern ruhende Kreuzgewölbe des alten Refektoriums. Im Inneren bewahrt
das *Saaremaa-Museum* die Burg-, Stadt-
und Inselgeschichte *(Mai–Aug. tgl., sonst
Mi–So 10–18 Uhr | www.saaremaamuu
seum.ee)*.

Typisch für Saaremaa sind kleine hölzerne Windmühlen. Ganze 800 gab es früher auf der Insel

MIHKLI BAUERNMUSEUM

Das Haus musste nicht erst umgebaut werden: Möbel und Gegenstände aus acht Generationen wurden einfach aufbewahrt. *Mai–Aug. tgl. 10–18 Uhr | im Dorf Viki kurz vor Kihelkonna*

PANGA PANK ✸

Die raue Seite Saaremaas. Vom 20 m hohen Kliff im Norden der Insel (45 km von Kuressaare) hat man einen phantastischen Blick auf die Ostsee. Nahe der Steilküste gibt's einen netten Ferienhof mit Fahrradverleih und Stellplätzen für Caravans *(Mustjala vald | Tel. 5 20 80 15 | www.panga.ee)*.

WINDMÜHLEN

Noch vier der hölzernen Wahrzeichen stehen an der Straße von Kuressaare nach Leisi linker Hand beim Dörfchen Angla. Früher gab es 800 Getreidemühlen auf Saaremaa, fast jeder größere Hof hatte seine eigene. *www.anglatuulik.eu*

ESSEN & TRINKEN

LA PERLA

Knusprige Steinofenpizza und italienisch Leichtes in rustikalem Ambiente. *Loss 3 | Kuressaare | Tel. 45 36 90 10 | €*

VESKI TRAHTER

In einer alten Holländerwindmühle von 1899 gibt's auf vier Etagen herzhafte estnische Kost und auch ein paar „internationale" Gerichte – dazu Livemusik in Sommernächten. *Pärna 19 | Kuressaare | Tel. 4 53 37 76 | www.veskitrahter.eu | €€*

WILDENBERGI KOHVIK

Nettes Café mitten im Zentrum, das richtige nach einem Stadtbummel. *Tallinna 1 | Kuressaare | Tel. 4 54 53 25 | €*

EINKAUFEN

Am Ratsplatz von Kuressaare *(Keskväljak/ Tallinna)* halten Inselhändler im Sommer

täglich ihren kleinen **INSIDER TIPP** Markt ab, auf dem es typische Saaremaa-Mitbringsel wie Handgestricktes und Souvenirs aus Wacholderholz und Dolomitstein zu kaufen gibt, aber auch frisches Gartenobst, Beeren und Honig. In der Hauptstraße *Tallinna* und weiter in der *Lossi* zwischen Rathaus und Burg gibt's ein paar interessante Läden, etwa den Antiquitätenhandel *Lossi Antiik (Lossi 17)* mit viel Sowjetretrokrempel.

STRAND

In Kuressaare liegt ein Sandstrand hinter der Bischofsburg. Einsame, raue Buchten gibt's an der Nordküste zwischen Leisi und Metsküla.

AM ABEND

VAEKOJA
Populärer und urgemütlicher Pub im historischen Wiegehaus von 1666. Auch warme Speisen. Die Terrasse avanciert an Sommerabenden zu einem beliebten Treffpunkt. *Tgl. ab 10 Uhr | Tallinna 3 | Kuressaare*

ÜBERNACHTEN

GEORG OTS SPA HOTELL
Kuressaares feines Spa-Hotel verwöhnt seine Gäste mit Hallenbad, Wellnesscenter und Kuranwendungen. Das ☆ Restaurant mit Meeresblick wurde für seine hervorragende Küche schon mehrfach preisgekrönt und hält den Titel „familien- und kinderfreundlichstes Restaurant Estlands". *91 Zi. | Tori 2 | Tel. 4 55 00 00 | www.gospa.ee | €€€*

INSIDER TIPP ▶ LAURA
Ein kleiner Geheimtipp – so preiswert und so zentral. Leider nur wenige Zimmer – unbedingt reservieren! *4 Zi. | Kohtu 2 | Kuressaare | Tel. 4 55 40 81 | €*

LINNA HOTEL
Kleines, neues Hotel in ruhiger Seitenstraßenlage, stilvoll modern, spitze ist das Frühstücksbüfett. *18 Zi. | Lasteaia 7 | Kuressaare | Tel. 4 53 18 88 | www.linnahotell.com | €€*

PÄDASTE ☆ ●
Unverstellter Ostseeblick, von Wald gesäumt: schon die Lage ist ein Traum! Übernachten in einem nobel restaurierten Feriengutshof auf der kleinen **INSIDER TIPP** Insel Muhu, einer Art (bewohntem!) Freilichtmuseum estländischer Küstenkultur. *9 Zi. | Pädaste Mõis | Muhu | Tel. 4 54 88 00 | www.padaste.ee | €€€*

AUSKUNFT

Tallinna 2, Kuressaare | Tel. 4 53 31 20 | www.saaremaa.ee

ZIEL IN DER UMGEBUNG

HIIUMAA (130 A–C 2–3) (*ⁿ D–E 4–5*) Saaremaas Nachbarinsel, die zweitgrößte Estlands (1023 km², 12 000 Ew.), war einst von schwedischen Bauern besiedelt. Zu Zeiten der Hanse war Hiumaa auch als Piratennest berüchtigt. Alles lange vorbei. Zwei Drittel der wildromantischen Insel sind bewaldet, der Rest: Moore, Wacholderheiden, Dünen. Sehenswert: das Dörfchen Kassari und der 37 m hohe Leuchtturm Kopu, ältestes Leuchtfeuer des Baltikums. Sie können hinaufsteigen, die Aussicht ist grandios. Übernachtungstipp: das *Gästehaus Nordtooder (Rookopli 20 | Kärdla | Tel. 4 69 19 99 | www.nordtooder.ee | €€)* in Kärdla bietet in einem roten Holzhaus sieben schöne, nostalgisch eingerichtete Zimmer, Fahrradverleih und ein tolles Restaurant. Eine Fähre fährt von Triigi bei Leisi nach Sõru. *Überfahrt 1 Std.; Abfahrt ab Triigi 8, 8.30, 11.30, 15.30, 20 Uhr; Rückfahrt 7, 10, 14, 18.30 Uhr (im Sommer)*

TALLINN

KARTE IM HINTEREN UMSCHLAG

(131 E–F1) (*ⁿ G3*) **Tallinn ist Estlands ganzer Stolz. Ein Reiseziel wie aus dem Bilderbuch, diese quirlige, von skandinavischem Flair durchwehte, auch immer noch sehr hansisch anmutende Metropole (400 000 Ew.), in der Mittelalter und Moderne miteinander verschmelzen, als spielte Geschichte mit der Gegenwart Versteck.**

In den winkligen Gassen des einstigen Reval spazieren Besucher wie durch ein Freilichtmuseum historischer Baukunst, schauen auf zu den akribisch restaurierten Fassaden gotischer Kaufmannshäuser, den Giebeln, den Türmen, den wehrhaften Mauern. 700 Jahre Archi-

CITY **WOHIN ZUERST?**
Freiheitsplatz (Vadabuse väljak): Zentraler Ausgangspunkt, um Tallinn zu erleben, ist der belebte Freiheitsplatz am südlichen Rand der Altstadt. Die meisten Buslinien und Straßenbahnen führen hier vorbei *(Haltestelle Vadabuse väljak).* Auf dem Vadabuse-Platz und in seiner Umgebung gibt es mehrere kostenpflichtige Parkplätze *(www.parki mine.ee),* z. B. in der *Karli 2.* Wer in Tallinn mit dem Zug ankommt: vom Hauptbahnhof drei Haltestellen mit der Straßenbahn *(Linie 1)* bis zum *Rathausplatz (Raekoja plats).*

tekturgeschichte stehen hier wie zusammengewürfelt und es wundert nun wirklich gar nicht, dass die Unesco ● Tallinns Altstadt *Vanalinn* komplett in den Adelsstand des Weltkulturerbes erhob.

Machen wir uns nichts vor: Mittelalter ist dies alles längst nicht mehr. Rings um den Rathausmarkt geht es im Sommer reichlich touristisch zu zwischen all den Kunsthandwerksläden, Souvenirständen und Straßencafés. Doch es fällt leicht, sich wohlzufühlen in dieser zugleich alten und jungen Stadt, deren Jazzkneipen, Clubs und Bars abends zu einem wild pulsierenden Nachtleben erwachen.

Tallinns Altstadt ist zweigeteilt. Der Domberg *(Toompea)* im Südwesten gilt als ursprünglicher Stadtkern. Hier, um die alte Ordensburg und die Domkirche herum, wohnten einst der Adel und der Klerus, schauten sozusagen herab auf die hansischen Kaufleute und Handwerker in der Unterstadt. Oben saß die Macht, unten das Geschäft. Und beide Teile von Vanalinn haben bis heute ihren ganz eigenen Charakter bewahrt. Ausführliche Informationen auch im MARCO POLO „Tallinn".

DOMBERG (TOOMPEA) ⭐

Tallinns Domberg – Wahrzeichen der Stadt – ist ein wichtiger Schauplatz des estnischen Gründungsepos *Kalevipoeg:* Der Sage nach soll der Kalkberg die noch (13. Jh.) ist die *Domkirche (Toom kirik | Di–So 9–16 Uhr | Toomkooli 6)*, eines der frühesten Gotteshäuser Estlands.

DREI SCHWESTERN (KOLM ÕDE)

Die Schwestern sind drei der schönsten Beispiele mittelalterlicher Bausubstanz in

Auch von oben einen langen Blick wert: Tallinns Altstadt mit wunderschöner Dächerlandschaft

Grabstätte der finnisch-estnischen Gestalt Kalev sein. Ursprünglich lag hier eine altestnische Siedlung, bevor erst die Dänen, dann die deutschen Ritter darauf eine Burg errichteten.

Die wichtigste Sehenswürdigkeit des Berges ist der *Lange Hermann (Pikk Hermann)*, größter erhaltener Turm der alten Burg (13. Jh.). Teile der Anlage wichen dem *Schloss* Katharinas II., in dem heute das estnische Parlament (estn.: *Riigikogu | Lossi plats 1a)* seinen Sitz hat. Gegenüber steht ein weiteres markantes Bauwerk aus der Zarenzeit: die orthodoxe *Alexander-Newski-Kathedrale (Alexander-Nevski-katedraal | tgl. 8–19 Uhr)*, die gegen Ende des 19. Jhs. gebaut wurde. Älter

Estlands Hauptstadt. Wie alle Kaufmannshäuser des Mittelalters dienten sie ihren Besitzern zugleich als Wohn- und Lagerhäuser. Die Gebäudegruppe in Tallinn, die in der ersten Hälfte des 15. Jhs. entstand ist das Gegenstück zu den „Drei Brüdern" von Rīga. Die spitzen Fensterbögen wurden nachträglich eingepasst. *Pikk 71*

GILDEHÄUSER

Prächtige Gildehäuser zeugten im Mittelalter von Wohlstand und Macht der Kaufleute. Zwei Gebäude sind noch erhalten: das *Haus der Großen Gilde (Suurgildi hoone | Pikk 17)* von 1410, einst das Vereinshaus der mächtigsten Kaufmannsorganisation. Heute ist es ein Museum. Im

Schwarzhäupterhaus (Mustpeade vennaskonna maja | Pikk 26) versammelten sich die ledigen Kaufleute.

KATHARINENTAL (KADRIORG)

Der Barockpalast Katharinental, 1718–36 für Zar Peter I. erbaut, ist eine architektonische Perle Tallinns. Die weitläufige Schlossanlage beherbergt drei Museen, u. a. eine Filiale des *Kunstmuseums (Kadriorgu Kunstimuuseum | Di–So 10–17 Uhr | Weizenbergi 37 | www.ekm.ee)*. Im früheren Kanzleigebäude residiert Estlands Staatspräsident. Blumengarten und Schlosspark laden zum Flanieren ein.

KUNSTMUSEUM KUMU (EESTI KUNSTIMUUSEUM) ★ ● ☀

Kumu heißt der Hotspot der Tallinner Kulturlandschaft. Schon äußerlich zieht der futuristisch-spitzwinklige Bau, ein Werk des Finnen Pekka Vapaavuori, alle Blicke auf sich. Hinter der Kalksteinfassade birgt das Kunstimuuseum auf sieben Stockwerken und 15 000 m² die größte Kunstsammlung des Baltikums – fast 60 000 Bilder, Grafiken, Plastiken, Drucke. Das *Kumu* steht am Rand des Stadtparks Kadriorg nahe dem Präsidentenpalast. Schön ist auch der Blick von der Aussichtsplattform unter dem Dach. *Mai–Sept. Di–So 10–17, Okt.–April Mi–So 10–17 Uhr | Weizenbergi 34 | www.ekm.ee*

NIKOLAIKIRCHE (NIGULISTE KIRIK)

Der spätgotische Bau (13. Jh.) wurde von holländischen Kaufleuten finanziert, die sich in Tallinn niedergelassen hatten. Die Kirche beherrscht diesen Teil der Altstadt und war nicht nur Gotteshaus, sondern diente auch als sicheres Versteck für wertvolle Handelswaren. Heute birgt sie eine Ausstellung mittelalterlicher Kunsthandwerks. *Mi–So 10–17 Uhr | Niguliste 3 | Führungen auf Englisch, buchbar unter Tel. 6 44 99 03 | www.ekm.ee*

OKKUPATIONSMUSEUM (OKUPATSIOONIDE MUUSEUM)

In dem modernen Haus brachte Estland seine leidvollen Erfahrungen mit Sowjets und Nazis unter. *Di–So 11–18 Uhr | Toompea 8 | www.okupatsioon.ee*

RATHAUS, RATHAUSPLATZ (RAEKODA, RAEKOJA PLATS) ●

Der Rathausplatz ist damals wie heute Schnittpunkt des städtischen Lebens. Im Sommer finden Feste statt, Cafés stellen Tische ins Freie. Das Rathaus selbst ist das einzig erhaltene gotische Rathaus (1402) des Baltikums. Ganz oben über dem achteckigen Turm auf der Ostseite bewacht der *Alte Thomas*, eine Wetterfahne, die Stadt. Die Besichtigung des prachtvollen Inneren aus der Hansezeit lohnt. Einen besonderen Blick sollten Sie auf die alte Apotheke *(Raekoja plats 11)* werfen.

STADTMAUER (LINNA MÜÜR) ☀

Vom 13. Jh. an wurde die Unterstadt in die Burgbefestigung auf dem Domberg integriert, die Mauer dafür erweitert. Am Ende stand eines der größten Bollwerke des nordeuropäischen Mittelalters: 3 m dick, 16 m hoch, 46 Wehrtürme. Gut die Hälfte des Bauwerks ist erhalten und an mehreren Stellen begehbar *(Nunne-Str.)*. Sehenswerte Türme: *Kiek in de Kök | Mägdeturm (Neitsitorn) | Dicke Margarete mit Seefahrtsmuseum (Mi–So 10–18 Uhr)*. Der kleine, versteckte Platz **INSIDER TIPP** *Lühike jalg* innerhalb der alten Stadtbefestigung und nahe dem Mägdeturm gehört zu den romantischsten Plätzen Tallinns und ist Treffpunkt für Jugendliche.

ESSEN & TRINKEN

KLOOSTRI AIT

Gemütliche Gaststätte mit Kamin, manchmal spielt ein Musiker auf der kleinen Bühne. *Vene 14 | Tel. 6 41 83 74 | www.kloostriait.ee | €€*

KULDSE NOTSU KÖRTS

Wer estnische Hausmannskost probieren will, ist in diesem Lokal am Rathausplatz richtig. *Mulgi kapsad,* zu Deutsch Schweinefleisch und Sauerkraut, Blutwurst, *Sült*

ßen die Speisen hier. Dazu gibt's Met und selbst gebrautes Bier. Rustikales Interieur, flackernde Kerzen und Fackeln, passend kostümiertes Personal und entsprechende Musik. Die einen halten es für Disneyland, die anderen sind begeistert. *Vanaturg 1 | Tel. 6 27 90 20 | www. oldehansa.com | €€€*

In der Alten Hanse gibt's zum Essen noch einen kräftigen Schuss Mittelalter-Ambiente

und ähnlich Deftiges wird hier aufgetischt, aber auch Vegetarisches. *Dunkri 8 | Tel. 6 28 65 67 | €€*

MAIASMOKK

Tallinns ältestes Café (1864) ist eine Institution. Jugendstil trifft Nostalgie. *Pikk 16 | Tel. 6 46 40 66 | €€*

NEITSITORN ☆

Das Café am Mägdeturm bietet estnisches Essen mit einem tollen Altstadtblick. *Lühike jalg 9A | Tel. 6 44 08 96 | €*

OLDE HANSA

Essen und Trinken wie im Mittelalter: „Elchteller" und „Wacholderkäse" hei-

INSIDER TIPP ▶ PIERRE ●

Den Versuchungen in Pierres Chocolaterie zu widerstehen, kann eigentlich noch niemandem gelungen sein. Herrlich altmodisches, sofagemütliches Café im Winkel des Meisterhofs, Schokolade in immer neuen Kreationen, die Marzipantrüffel sind ein Gedicht. *Vene 6 | Meistrite Hoov | Tel. 6 41 80 61 | www.pierre.ee | €€*

INSIDER TIPP ▶ SEIKLUSJUTTE MAALT JA MEERELT

„Abenteuer zu Lande und zu Wasser" bedeutet der Name dieses Lokals. Die Gerichte auf der Speisekarte der urigen Gaststätte sind Abenteuerromanen nachempfunden, probieren Sie doch mal „Kapitän Nemos Hühnerfilet". *Tartu 44 | Tel. 6 01 07 63 | www.seiklusjutte.ee | €€*

TROIKA

Tallinns vielleicht bestes russisches Restaurant. Hauchzarte Blini mit Kaviar, köstlicher Borschtsch, 50 Sorten Wodka. Dazu Akkordeonmusik live. *Raekoja plats 15 | Tel. 6 27 62 45 | www.troika.ee | €€*

EINKAUFEN

Haupteinkaufsstraße des modernen Tallinns ist die *Viru*. Größtes Angebot auch an internationalen Modelabels finden Sie hier im schicken Einkaufstempel *Viru Keskus (Viru väljak 4/6 bzw. Gonsiori 2 | tgl. 9–21 Uhr | www.virukeskus.com)*, der das Traditionskaufhaus *Kaubamaja* quasi gleich mit geschluckt hat. Ansonsten stolpert man in der touristisch präparierten Altstadt von einem Kunsthandwerksladen *(Käsitöö)* in den nächsten, auch Sammler von Sowjetretro kommen hier auf ihre Kosten.

ANTIKVARIAAT

Ein kleines Himmelreich für Sammler bibliophiler Raritäten. *Tgl. 10–18 Uhr | Uus 11*

BOGAPOTT

Estnische Keramik direkt aus der Werkstatt. Man schaut den Töpfern bei der Arbeit zu, ein gemütliches Café nebenan ist das Richtige für eine Pause vom Stadtbummel. *Tgl. 10–18 Uhr | Pikk jalg 9 | tgl. 10–18 Uhr | www.bogapott.ee*

INSIDER TIPP KATHARINENGILDE (KATARIINA GILD)

Die Gilde besteht aus einem Dutzend Frauen, die sich auf der Kunsthochschule kennenlernten und beschlossen, ein eigenes Projekt aufzuziehen. Gern und geduldig lassen sie sich bei der Arbeit zuschauen, und natürlich ist Kunst hier käuflich: Keramik, Glas, Schmuck, Stoffe, Hüte, laute schöne und originelle Sachen. *Tgl. 11–18 Uhr | Vene 12/katariina käik* Gleich nebenan setzt sich die Gilde fort: im kopfsteingepflasterten *Meisterhof* mit

Auch Tallinns City bietet den globalen Metropolenschick im Einkaufstempel Viru Keskus

kleinen Läden und Souvenirs (*Meistrite hoov* | *Vene 6*).

MODEDESIGNER

Hochwertige Mode estnischer Designer finden Sie z. B. bei *Bastion (Viru 12), Ivo Nikkolo (Suur-Karja 14)* oder *Kairi Vilderson (Aia 3)*. Internationale Labels gibt's im Shoppingtempel *Viru Keskus.*

WOLLMARKT

Wie der Name schon sagt: Handgestrickte Pullover mit traditionellen Estlandmustern, Schals, Mützen, Handschuhe, Socken. Längs der Stadtmauer. *Tgl. 9–17 Uhr | Viru und Müürivahe*

FREIZEIT & SPORT

GESANGSARENA (LAULUVÄLJAK)

In der Freiluftarena ist immer etwas geboten: Rollschuhbahn und -verleih, Buden, Märkte, Konzerte. *Narva 95 | Tel. 6 11 21 00 | www.lauluvaljak.ee*

INSIDERTIPP SAUNA (SAUN)

Im Hotel *Olümpia* mit Aussicht auf die Altstadt – direkt aus Sauna und Bassin *(Liivalaia 33 | 40 Euro/Std.)*. Preiswerter sind kleine Mietsaunen für ca. 10–12 Euro/Std., etwa die *Kempens-Sauna (Raua 23)*.

AM ABEND

ESTNISCHE NATIONALOPER (RAHVUSOOPER ESTONIA)

Die Esten sind stolz auf ihre Nationaloper und locken auch weltbekannte Stars in ihr Haus. Oper, Ballett und Performances. *Estonia 4 | Tel. 6 83 12 60 | www.opera.ee*

KARJA KELDER

Gemütliche Kellerkneipe mit etwas älterem und reiferem Publikum. *Väike-Karja 1 | www.karjakelder.ee*

INSIDERTIPP SCOTLAND YARD

Die riesige rustikale Kneipe mit mehreren Bars, in der auch Rockkonzerte stattfinden, ist zum Dreh- und Angelpunkt des Nachtlebens am Rand der Altstadt geworden. In der Zigarrenlounge steht ein Aquarium mit Piranhas, die Toiletten sehen aus wie elektrische Stühle und das Personal trägt Bobby-Uniformen. *An Wochenenden bis 3, sonst bis 24 Uhr | Mere 6 | www.scotlandyard.ee*

SUUR-KARJA

Die Altstadtstraße, seit Jahren ein Spot des Nachtlebens, führt von der *Bar Nimega* („Bar mit Namen") zur *Bar Nimeta* („Bar ohne Namen"). *Nimega: Suur-Karja 13 | bis gegen 2 Uhr; Nimeta: Suur-Karja 4 | bis gegen 4 Uhr geöffnet*

VON KRAHLI TEATER BAAR

Abends oft tolle estnische Livebands, dann trifft sich hier die Musikszene von Alternativ bis Rock. Auch großzügige Portionen für den großen Hunger zwischendurch. *Rataskaevu 10 | Tel. 6 26 90 90 | www.vonkrahl.ee | €*

ÜBERNACHTEN

DOMINA ILMARINE

Extravagante, zweigeschossige Suiten in einer umgebauten Maschinenfabrik von 1881. Tallinns vielleicht originellstes Hotel, nahe der Altstadt. *155 Zi. | Põhja 23 | Tel. 6 14 09 00 | www.dominahotels.com | €€€*

OLD HOUSE GUESTHOUSE

Dieses kleine Gästehaus mitten in Tallinns Altstadt. Wenn alles belegt ist: Dazu gehört auch ein einfaches, aber renoviertes Hostel *(Uus 26)*, außerdem 16 über die Altstadt verteilte Mietapartments. *Uus 22 | Tel. 6 411 464 | www.oldhouse.ee | €–€€*

PIRITA CONVENT

Die Gästezimmer im Pirita-Kloster, betrieben von den Nonnen des katholischen Brigitten-Ordens, sind schlicht, dafür schläft man hier himmlisch ruhig. Nebenan stehen noch die Ruinen des mittelalterlichen Brigittenklosters, und bis zum Strand ist es auch nicht weit. *20 Zi. | Merivälja tee 18 | Tel. 6 05 50 00 | www.osss.ee | €*

SAVOY

Das schicke neue Boutiquehotel liegt mitten in der Altstadt, jüngst im Art-déco-Stil kunstvoll restauriert. 43 Zimmer mit allem Komfort, einige mit Balkon. Im Restaurant *L'Arancia* wird Mediterranes serviert. *Suur Karja 17/19 | Tel. 6 67 87 00 | www.savoyhotel.ee | €€€*

SCHLÖSSLE

Estlands erstes 5-Sterne-Hotel. Natürlich in der Altstadt gelegen in einem stilvoll restaurierten mittelalterlichen Kaufmannshaus. *23 Zi. | Pühavaimu 13–15 | Tel. 6 99 77 00 | www.schlossle-hotels.com | €€€*

INSIDER TIPP ▸ VILLA HORTENSIA

Kleines Gästehaus direkt im Meisterhof, Lage unschlagbar zentral, Apartments (2 mit Balkon) stilsicher von einem stadtbekannten Architekten eingerichtet. Früh buchen! *6 Zi. | Vene 6 | Tel. 6 41 80 17 | www.hoov.ee | €€*

AUSKUNFT

Niguliste 2 | Tel. 6 45 77 77 | www.tourism.tallinn.ee

ZIELE IN DER UMGEBUNG

LAHEMAA ★ (132 B–C1) (*⑭ H–J 2–3*)
Der Nationalpark, ca. 70 km östlich von Tallinn, umfasst die Küste rund um den Ort Loksa, die sich fingerartig ins Meer schiebt, und das Hinterland bis zur Fernstraße 1 Tallinn–Tartu. Die Schönheit der Landschaft Lahemaas (dt. Buchtenlandschaft) sollten Sie zu Fuß entdecken. In diesem Gebiet sind auch einige schön erhaltene deutschbaltische Gutshäuser zu sehen, etwa das *barocke Adelshaus* in Palmse aus dem 18. Jh.

In *Viitna* steht an der Fernstraße in Fahrtrichtung Tallinn das bei den Einheimischen sehr beliebte estnische Restaurant INSIDER TIPP ▸ *Viitna Kõrts (Tel. 3 23 25 86 81 | €–€€)*. Das aus grob behauenen Baumstämmen gebaute Haus von 1800 ist ein typisches Beispiel estnischer Volksbaukunst. Besucherzentrum in Palmse (Külastuskeskus) *neben dem Adelshaus | Tel. 3 29 55 55 | info@lahemaa.ee.* Übernachten in Palmse: *Park-Hotel | 22 Zi. | Tel. 3 22 36 26 | www.phpalmse.ee | €–€€*; Übernachten in Võsu: *Hostel Sinikorall | 8 Zi. | Metsa 3 | Tel. 3 23 84 55 | www.sinikorall.ee | €*

ROCCA AL MARE

Im Freilichtmuseum stehen originalgetreue estnische Bauernhäuser. Das Areal an der Bucht von Kopli ist 64 ha groß und in die vier ethnografischen Regionen Estlands unterteilt. *Tgl. 10–20 Uhr | Vabaõhumuuseumi 12 | ca. 8 km ab Stadtmitte | Bus 21 und Trolleybus 6 | www.evm.ee*

TARTU

(133 D5) (*⑭ K6*) **Tartu ist das Universitätszentrum Estlands, und als solches pflegen die 100 000 Einwohner gern seinen Ruf als intellektuelles und kulturelles Gegenstück zur privilegierten Hauptstadt.**

Die Universität prägt das Leben, jeder Fünfte ist hier Student. Die Stadt wirkt unkonventionell und kreativ, zugleich provinzieller, vor allem aber viel weniger touristisch als Tallinn. Dass Tartu, ehemals Dorpat, eine alte Hansestadt ist, daran erinnert nicht mehr viel. Das heutige Zentrum entwickelte sich erst im 19. Jh.,

RATHAUS UND RATHAUSPLATZ (RAEKODA, RAEKOJA PLATS)

1789 im damals topmodernen Stil des Frühklassizismus gebaut. Vom Turm erklingt täglich zweimal (um 12 und 18 Uhr) ein Carillon, ein bespielbares Glocken-

18. oder 21. Jahrhundert? Im Lahemaa-Nationalpark scheint die Zeit stillzustehen

der eigentlichen Blütezeit der Stadt. 1802 wurde die 1632 von Schwedenkönig Gustav Adolf gegründete Universität auf Befehl des Zaren wieder eröffnet. Die zwei- bis dreigeschossigen Wohnhäuser und die ausgedehnten Grünanlagen vermitteln ein im Vergleich zu Tallinn vornehmeres Bild.

SEHENSWERTES

DOMBERG (TOOMEMÄGI) ☼

Heute Grünanlage mit verschlungenen Pfaden rund um die Ruine der mittelalterlichen *Domkirche (Lossi 25)*. Eine der kleinen Erhebungen ist der „Kussberg" *(Musumägi)*. Wer sich dort küsst, ist laut Sprichwort schon ein halber Tartuer.

spiel. Die Figuren auf dem Brunnen des Rathausplatzes sagen viel über das Lebensgefühl in Tartu aus: Es sind die „küssenden Studenten" *(Suudlevad tudengid)*. Der trapezförmige Rathausplatz ist ebenfalls klassizistisch gerahmt, ein Haus (Nr. 18) scheint schief zu stehen. Der Eindruck täuscht nicht: Es wurde 1793 auf Pfählen auf sumpfigen Untergrund errichtet. Als der Wasserspiegel sank, neigte sich das Haus. Pisa lässt grüßen.

UNIVERSITÄT (ÜLIKOOL) ★

Das Hauptgebäude der Universität ist eins der schönsten klassizistischen Gebäude Estlands (1809). Die Zaren ließen deutsche Professoren in ihrer Muttersprache unterrichten. Zwar waren ihnen

Aufklärung und revolutionäres Gedankengut nicht geheuer – doch ganz ohne die Freiheit des Geistes kam die Modernisierung des Landes auch nicht voran. *Ülikooli 18 | www.ut.ee*

UNIVERSITÄTSMUSEUM (ÜLIKOOLI AJALOO MUUSEUM)

Höhepunkt dieses Museums ist die Bibliothek des ehemaligen Chefbiblio-

Die Universität Tartu –
Estlands intellektuelles Herz

thekars Karl Morgenstern (1767–1852). Gezeigt werden die Insignien der Rektorswürde, alte Globen, Laborfläschchen und die Flagge der ersten estnischen Bruderschaft, die Pate stand für die heutige Nationalflagge. *Mi–So 11–17 Uhr | im Chor des Domes | Lossi 25 | Führungen: Tel. 7 37 56 77*

Sehenswert ist außerdem das *Kunstmuseum* im Hauptgebäude der Universität, Estlands ältestes Museum. Auf Wunsch schließt man Ihnen hier auch den alten **INSIDER TIPP** Studéntenkarzer aus dem 19. Jh. auf. Studiosi, die gegen den Ehrenkodex der Uni verstoßen hatten oder beim Duell erwischt worden waren, wurden hier eingesperrt, manchmal wochenlang. *Mo–Fr 11–18 Uhr | Ülikooli 18 | www.ut.ee*

ESSEN & TRINKEN

CREPP

Crêpes und leichte französische Küche – auch als Take-away und so gut, dass das *Crepp* schon ein paar mal den Titel „Estonians Best Café" trug. *Rüütli 16 | Tel. 7 42 21 33 | €€*

PÜSSIROHU KELDER

Der backsteinerne Pulverkeller, den die Russen 1778 zur Verteidigung ihres neuen Besitzes anlegten, ist heute eine uriggemütliche, mitunter etwas laute Restaurant-Kneipe. Deftige estnische Kost. *Lossi 28 | Tel. 7 30 35 55 | www.pyss.ee | €€*

ÜLIKOOLI KOHVIK

Auf zwei Stockwerken eines Jugendstilhauses logiert der Mix aus Café und Restaurant – eines der beliebtesten Studentenlokale, denn man isst hier gut und (im Erdgeschoss) sehr günstig. *Ülikooli 20 | Tel. 7 37 54 04 | www.kohvik.ut.ee | €–€€*

EINKAUFEN

INSIDER TIPP ANTONIUSE GILD

Die Antoniusgilde ist ein Zusammenschluss von Kunsthandwerkern verschiedener Fachrichtungen, die in einem Altstadthof Authentisches fertigen und verkaufen. *Mo–Fr 11–17, Sa 11–15 Uhr | Lutsu 5 | www.antonius.ee*

FREIZEIT & SPORT

RADFAHREN

Tartu bietet sich als guter Ausgangspunkt für Touren an. Radeln Sie etwa am Rathausplatz über die Brücke auf die andere Seite des Flusses, und suchen Sie sich eines der ausgewiesenen Ziele aus. *Fahrradverleih Velospets | Riia 130 | Tel. 7 38 04 06*

INSIDER TIPP SCHOKOLADEN-MASSAGE ●

Nach Ansicht der Fachleute im Gesundheitszentrum *Tervisekeskus* (Hotel Tartu) wirkt die Masse wie ein Gesundbrunnen. Wer nicht mit Schokolade eingerieben werden will, kann auch Honig nehmen. *So–Fr 9–21, Sa 9–16 Uhr | Soola 3 | je nach Anwendung 9–30 Euro*

AM ABEND

KROOKS

Eine der beliebtesten Studentenkneipen, geöffnet im Sommer traditionell bis Sonnenaufgang. *Jakobi 34*

VANEMUINE THEATER

Das erste estnische Theater, 1870 gegründet. Heute sind Ballett, Oper und Schauspiel unter einem Dach untergebracht. *Vanemuise 6 | Tel. 7 44 01 67 | www.vanemuine.ee*

VILDE

Davor sitzen zwei Bronzestatuen: Oscar und Eduard Vilde – letzterer ist ein estnischer Kollege des britischen Schriftstellers. Drinnen sind auf mehreren Etagen Café, Restaurant, Bar und Buchladen untergebracht. Das Vilde vermietet auch vier tolle Apartments für je vier Personen in der Altstadt (*Küüni, Ülikooli*). *So–Di 12–24, Mi/Do 12–1, Fr/Sa 12–3 Uhr | Vallikravi 4 | www.vilde.ee*

ÜBERNACHTEN

ALEKSANDRI

Das Gästehaus und Hotel, in einer Seitenstraße südöstlich der Altstadt gelegen, bietet einfache, ordentliche und preisgünstige Ein- bis Vierbettzimmer. Man kann hier auch ein Auto mieten. *38 Zi. | Aleksandri 42 | Tel. 7 36 66 59 | www.aleksandri.ee | €*

BARCLAY

Gediegenes Hotel im Herzen der Altstadt, Domberg und Rathaus vis-à-vis. Das Restaurant gehört zu den besten (und teuersten) der Stadt. *49 Zi. | Ülikooli 8 | Tel. 7 44 71 00 | www.barclay.ee | €€€*

UPPSALA MAJA

Kleines gemütliches Gästehaus in der Altstadt. Benannt nach Tartus Partnerstadt Uppsala. *5 Zi. | Jaani 7 | Tel. 7 36 15 35 | www.uppsalamaja.ee | €€*

AUSKUNFT

Raekoja plats 14 | Tel. 7 44 21 11 | auch deutschsprachige Stadtführungen | www.visittartu.com

ZIEL IN DER UMGEBUNG

PEIPUS-SEE (PEIPSI JÄRV)

(133 D–F 3–6) (⌘ K–L 4–6)

Der See (35 km von Tartu) markiert über weite Strecken die Grenze zu Russland. Er ist nicht überall zugänglich, aber am Ufer verstecken sich menschenleere Sandstrände und Dünenparadiese. Unentdeckte Einsamkeit erwartet Sie z. B. nahe dem Städtchen *Kauksi* im Norden, das gut geeignet als Ziel für einen Kurztrip von Narva oder Tartu aus. Der ⟳ Ökotourismusverband (*Tartu 26 | Tel. 7 72 67 40*), der auch Zimmer vermittelt, befindet sich in *Mustvee*.

LETTLAND

Fast 500 km Küste, unberührte Naturlandschaften von östlich-melancholischer Weite, Herrenhäuser und verwitterte Burgruinen, die von versunkener Fremdherrschaft und bewegter Geschichte zeugen: Lettland (2,4 Mio. Ew.), mittlere der drei Ostseerepubliken, ist vielleicht am stärksten geprägt von jenen Kontrasten und Stimmungen, wie sie typisch sind für das Baltikum.

Mancherorts scheint die Zeit hier stillzustehen – vor allem auf dem Land. Umso schneller aber vergeht sie in der lettischen Hauptstadt: Rīga hat sich zu einer pulsierenden Ostseemetropole gemausert, elegant und extravagant, wuchtige Backsteingotik mit der Pracht des Jugendstils vereinend, der sich in Europas üppigsten Gründerzeitquartieren zu einer Operette aus Stein entfaltet. Die schöne „Miss Baltica" zieht jeden Besucher in ihren Bann.

CĒSIS

(136 B3) *(M H8–9)* ⭐ Mitten im herrlichen Gauja-Nationalpark liegt eine der ältesten Städte Lettlands: Cēsis (20 000 Ew.).

Ringgassen, Kaufmannshäuser, gotische Giebel und über allem eine trutzige Ordensburg – vieles sieht immer noch so aus wie im 15. Jh., als das einstige Wenden als Hansestadt zu Wohlstand aufstieg. Heute profitiert die Stadt von der Holzwirtschaft, rühmt sich der ältesten Brauerei Lettlands und avanciert dank ih-

Bild: Amata-Fluss im Gauja-Nationalpark

Eine Metropole und ländliche Provinz: Das Land in der Mitte des Baltikums ist noch auf der Suche nach der eigenen Identität

rer Lage im wildromantischen Gauja-Tal im Sommer zum nationalen Ausflugsziel.

SEHENSWERTES

NEUES SCHLOSS (JAUNĀ PILS)

Auf den Mauern der östlichen Vorburg ließ die Grafenfamilie von Sivers 1778 ihren Wohnsitz gründen, seither Neues Schloss genannt. Heute ist hier das *Heimatmuseum (Cēsu Vēstures Muzejs | Di–So 10–17 Uhr | Pils lauk. 9 | www.vvtc.cesis.lv)* untergebracht, einen Bogen über 800 Jahre Stadtgeschichte spannend. Vom Schloss führt eine Steintreppe in den um 1820 angelegten Park, aus dessen Mitte zwischen Burg und See ein steiler Hügel aufragt: der *Riekstu kalns* (Nussberg). Da oben stand im 11. Jh. die Holzburg der Wenden, das Ur-Cēsis sozusagen.

ORDENSBURG (MŪRA PILS)

Das Wahrzeichen der Stadt trägt die Narben bewegter Geschichte. Gegründet 1209 von den Rittern des Schwertbrüderordens, galt das massive Konventhaus mit seinen Ecktürmen und Vorburgen lange als uneinnehmbar. Bis Iwan der Schrecklich kam. Der Russe legte die Burg 1577 in Schutt und Asche. Trotzdem gilt sie als besterhaltene Ordensburg im Baltikum und erwacht einmal im Jahr zu buntem Leben: während des **INSIDER TIPP** Mittelalterfestivals im August.

nationale Küche. Zum Haus gehört das Kellercafé *Popular* mit günstigen Pizzen. *Vienības laukums 1 | Tel. 64 12 00 28 | €€*

MAKSS UN MORICS
Beliebtes Altstadtlokal am Livenplatz, halb Café, halb Kneipe. *Rīgas 43 | Tel. 64 12 43 67 | €*

Iwan der Schreckliche machte seinem Namen beim Kampf um die Burg Cēsis alle Ehre

ST.-JOHANNES-KIRCHE
Lettlands größte gotische Kirche außerhalb Rīgas entstand 1282–97 als Gotteshaus der Schwertbrüder. Sehens- wie hörenswert: die Orgel von 1906. Sie ist ein Werk des berühmten Ludwigsburger Orgelbauers Eberhard Walcker, der auch die Rīgaer Domorgel schuf. *Mitte Mai– Okt. tgl. 11–17 Uhr | Skolas 8 | Führung auf Englisch | Tel. 64 12 15 49*

EINKAUFEN

INSIDER TIPP **SENO ROTU KALVE**
Silberschmied Daumants Kalniņš fertigt in seiner Werkstatt am Neuen Schloss filigranen Schmuck nach uraltem lettgallischem Vorbild. Wer ihm bei der Arbeit zuschaut, erfährt viel über den Schmuck der heidnischen Stämme. *Di–So 10–17 Uhr | Pils lauk. 9 | www.kalve.cesis.lv*

ESSEN & TRINKEN

ALEXIS
Der Chefkoch versteht sich auf beides: deftige lettische Spezialitäten und inter-

FREIZEIT & SPORT

EŽI ACTIVE TOURISM CENTRE
Die freundlichen Leute vom Outdoor-Tourismus-Spezialisten Eži verleihen

nicht nur Kanus, Zelte und Fahrräder für Touren durch den Gauja-Nationalpark, sondern kennen sich in Lettlands romantischer Wildwasserlandschaft auch bestens aus, haben viele Tipps und bieten auch `INSIDER TIPP` geführte Gruppen-Kanutrails auf der Gauja an. *Lenču 7a | Tel. 64 10 72 63 | www.ezi.lv*

ÜBERNACHTEN

KATRĪNA

Dieses kleine, geschmackvoll eingerichtete Altstadthotel liegt zwischen historischen Holzhäusern. *8 Zi. | Mazā Katrīnas 8 | Tel. 64 10 77 00 | www.hotelkatrina.com | €€*

KOLONNA HOTEL

Bestes Hotel der Stadt, zentral gelegen, komfortable Zimmer, viele mit schönem Blick auf Park und Burgruine. Fahrradverleih. *41 Zi. | Vienības laukums 1 | Tel. 64 12 01 22 | www.hotelkolonna.com | €€*

AUSKUNFT

Pils laukums 1 | Tel. 64 12 18 15 | www.cesis.lv

ZIELE IN DER UMGEBUNG

GAUJA-NATIONALPARK

(136 A–B 3–4) (*M G–H 8–9*)
Die Waldlandschaft des Gauja-Urstromtals steht in Teilen schon seit 1922 unter Schutz und in Lettland im Rang eines nationalen Naturheiligtums. Im *Gaujas Nacionālais Parks* lässt sich eine Vielzahl markierter Wanderwege und Lehrpfade zu großen und kleinen Touren kombinieren, entlang der Gauja gibt es `INSIDER TIPP` 18 Campingplätze. Reizvolle Ausflugsziele sind die roten Sandsteinfelsen, etwa das steile Massiv der Teufelsferse *(Sietiņ iezis)* nordwestlich von Cēsis.

Auf ihrem Weg durch die bis zu 85 m tiefe Schlucht sammelt die Gauja das Wasser von 13 Nebenflüssen. Detaillierte Infos und Karten gibt's im Besucherzentrum des GNP *(tgl. 10–18 Uhr | Sigulda | Bazīncas 3 | Tel. 67 97 13 45 | www.gnp.lv).*

SCHLOSS BĪRIŅI (BĪRIŅU PILS)
(136 A3) (*M G9*)
In dem um 1860 im Stil der Tudorgotik gebauten, meisterlich restaurierten Landsitz 40 km südwestlich von Cēsis an einer Nebenstraße in Richtung Küste residiert heute eines der stilvollsten Schlosshotels des Baltikums. Im weitläufigen Park am Dzirnavu-See steht eine alte Wassermühle. Ein kleines Museum zeichnet die Geschichte dieses schönen

MARCO POLO HIGHLIGHTS

⭐ **Cēsis**
Die wuchtige Ruinenanlage zeigt, wie der Deutsche Orden baute → S. 54

⭐ **Sigulda**
Die Kleinstadt zieht Natur- und Kulturliebhaber an → S. 58

⭐ **Dom St. Marien**
Frühestes Zeugnis der deutschen Kolonialisten in Rīga → S. 62

⭐ **Freiheitsdenkmal**
Symbol des lettischen Freiheitswillens in Rīga → S. 62

⭐ **Jugendstilviertel**
Rīga, das „Paris des Ostens", besitzt unversehrte Ensembles → S. 62

⭐ **Jūrmala**
Beliebter Kurort mit feinsandigem Strand → S. 69

Einfach den Fluss überqueren: In Sigulda bringt Sie eine Seilzugfähre über die Gauja

Anwesens nach. *26 Zi. | Tel. 64 06 63 16 | www.birinupils.lv | €€*

SIGULDA ★ (136 A4) (*📖 G9*)

Die Kleinstadt (35 km südwestlich von Cēsis) ist das touristische Zentrum des Nationalparks. Die Gauja schneidet sich hier besonders tief in die Sandsteinfelsen und spülte an seinen Ufern Lettlands schönste und größte Höhlen aus: die Große Teufelshöhle *(Lielā Velnala)*, die Viktorhöhle *(Viktorala)* und die mythenumwobene, 20 m tiefe Gutmans Höhle *(Gūtmaņa ala)*. Landesweit berühmt ist Sigulda wegen seiner Burgen, die die Talschlucht wie Zinnen säumen: *Turaida* und *Krimulda*. Die Bischofsburg Turaida thronte seit 1213 über der Gauja, bis sie im Großen Nordischen Krieg zerstört wurde. 1953 begann man, sie detailgetreu aufzubauen. Vom 30 m hohen 🌿 Burgfried aus bietet sich ein traumhafter Blick über einen Teil des mit 917 km² größten

Nationalpark des Baltikums. Noch atemberaubender ist nur die Aussicht aus der 🌿 INSIDER TIPP Seilbahn, die von Sigulda zur Burg Krimulda hinüberfährt. In der Stadt selbst sind das Neue Schloss und die alte Ordensburg sehenswert Auskunft: *Valdemāra 1a | Tel. 67 97 13 35 | www.sigulda.lv;* Übernachten: *Aparjods | 35 Zi. | Ventas 1 | Tel. 67 97 22 30 | €; Sigulda | 44 Zi. | Pils 6 | Tel. 67 97 22 63 | www.hotelsigulda.lv | €;* Restaurants: *Juma | Raiņa 1 | Tel. 67 97 39 47 | €€; Trīs draugi | Pils 9 | Tel. 67 97 37 21 | €*

LIEPĀJA

(134 A5) (*📖 B10–11*) Lettlands drittgrößte Stadt (90 000 Ew.) war als sowjetische Marinebasis 45 Jahre lang ohne Passierschein tabu.

Seit die Russenzeit Geschichte ist, hat sich Liepāja zu einem kreativen Ort gemausert und ist heute für sein Theater, seine agile Kulturszene und das legendäre Rockfestival im August landesweit berühmt; überhaupt wird im Sommer die Nacht gern mal zum Tag hier. Auch der Tourismus entdeckt das einstige Libau, das als Hansestadt auf eine große Geschichte zurückblickt, allmählich wieder. Vor allem des wunderbaren weißen Strands wegen. Erholt hat sich das alte Libau von der gewaltsamen Abschottung noch nicht, die Stadt wirkt seltsam zerrissen. Doch immer mehr der schönen Jugendstilvillen sind restauriert, auch die Altstadt beginnt sich herauszuputzen.

SEHENSWERTES

ALTSTADT
Lebensader ist die *Lielā iela* (Große Straße), gesäumt von Bürgerhäusern in Jugendstil und Neoklassizismus. In der Fußgängerzone *Turgoņu* laden Cafés und kleine Läden zum Bummeln ein. Die 1758 geweihte Dreifaltigkeitskirche *(Sv. Trīsvienības Baznīca)* in der Lielā lohnt sich auch von innen anzuschauen. Spätbarock und Rokoko feiern mit viel Sandsteinzierrat und Blattgold ein rauschendes Fest. Ein Kunstschatz ist die Orgel: Das 1855 erbaute und ganz im Farbklang der Romantik intonierte Instrument war mit seinen 131 Registern und über 7000 Pfeifen lange Zeit die größte Orgel der Welt. Am *Kuršu Laukums* (Kurenplatz), dem historischen Zentrum Liepājas, steht die schlichte Annenkirche *(Sv. Annas Baznīca)*. Auch sie birgt ein Kleinod: den über und über verzierten, 10 m aufragenden Altaraufsatz (1697).

KRIEGSHAFEN (KAROSTA)
Der Kriegshafen, einst Stadt in der Stadt, verfällt seit dem Abzug der russischen Armee in den 1990er-Jahren. In einige der Militärbauten haben sich Künstler ein-

quartiert und hauchten diesem seltsam morbiden Viertel mit ihren Projekten wie dem Kulturzentrum k@2 (www.karosta.lv) kreatives Leben ein . Bizarr wirkt die übergroße orthodoxe St.-Nikolaus-Kathedrale in der Mitte des Areals (1903). Ein finsterer Ort ist das einstige **INSIDER TIPP** Militärgefängnis *(Karostas cietums | Invalidu 4 | Tel. 63 48 08 08 | www.karostascietums. lv),* das gleich drei Diktaturen diente: 1905 sperrte der Zar hier aufständische Matrosen ein, später ließ die deutsche Wehrmacht in der Festung Deserteure hinrichten, 1945 übernahm der KGB die Schreckensherrschaft. Heute ist das Gefängnis Gedenkstätte, nervenstarke Besucher können in der zweistündigen Reality-Show sowjetischen Knastalltag nacherleben – inklusive Appell und Verhör, oder dort gar übernachten.

MUSEUM FÜR GESCHICHTE & KUNST (VĒSTURES UN MĀKSLAS MUZEJS)
Die Ausstellung schlägt einen Bogen von archäologischen Funden bis zur deutschen Geschichte Kurlands. Dazu: Malerei, Fotografie und Trachten der Region. *Mi–So 10–18 Uhr | bei Voranmeldung Führungen in Engl. | Tel. 63 42 26 04 | Kūrmājas prospekts 16/18*

ESSEN & TRINKEN

INSIDER TIPP POSTNIEKA MĀJA
Schick und extravagant: Das Restaurant belegt zwei Etagen des historischen Postamts (lett.: *Pastnieka Maja*). Vorzügliche lettische Küche, dazu das örtliche Līvu-Bier. Abends oft Livemusik. Im Sommer sitzt es sich schön im Garten. *Brīvzemnieka 53 | Tel. 63 40 75 21 | www. pastniekamaja.lv | €€€*

VECAIS KAPITEINIS
Schon das maritime Interieur dieses Restaurants in einem alten Fachwerk-

haus zeigt, welcher Kurs in der Kombüse gesteuert wird: Hier kocht und brät man gern und gekonnt Fisch und Meeresfrüchte. Im Sommer ist der Biergarten geöffnet. *Dubelšteina 14 | Tel. 63 42 55 22 | €€*

FREIZEIT & SPORT

BOOTSFAHRT

Schöner Zeitvertreib und Gelegenheit, die Küste vom Wasser aus zu bertrachten: ein Ausflug mit der Yacht *Palsa* auf der Ostsee. *Reservierung Tel. 29 25 41 03 | Lielā 1*

JŪRMALAS PARK

Am Ende der Peldu iela laden *Strand* und *Jūrmalas Park* zu Spaziergängen ein. Hier gibt es auch einige Holzvillen zu sehen, etwa das alte Badehaus *(Peldu istade)* und den kleinen *Pavillon*. Reitstall: *Latgales 3 | tgl. 10–18 Uhr | Strandritt (2 Std.) ca. 18 Euro*

AM ABEND

INSIDER TIPP **PABLO** ●

Latvia's 1st Hard Rock Café nennt sich der Laden hinter der überdimensionalen Gitarre auch, und dass er gerade hier steht, kommt nicht von ungefähr: Liepāja ist die Rockhauptstadt Lettlands. Mix aus Restaurant, Bar und Museum der baltischen Rockszene, viele Stars stifteten persönliche Sachen. Abends täglich Livemusik oder Disko. *Tgl. 9–4 Uhr | Eintritt 5 Euro | Stendera 18/20 | www.pablo.lv*

ÜBERNACHTEN

FONTAINE

Ausgefallener konnte man die renovierte Holzvilla kaum ausstaffieren: Überall stehen Antiquitäten und allerhand Devotionalien der Rockmusik herum, und jedes Zimmer ist ein Unikat. *18 Zi. | Juras 24 | Tel. 63 42 09 56 | www.fontaine.lv | €€*

Fisch bestimmt den Alltag und den Duft im kleinen Hafenörtchen Pāvilosta

ROŽE

Freundliches Gästehaus ganz nah am Strand in einer restaurierten, blau gestrichenen Jugendstilvilla, schöne große und komfortabel eingerichtete Zimmer, ☀ INSIDER TIPP einige haben Ostseeblick. *16 Zi.* | *Rožu 37* | *Tel. 63 42 11 55* | *www.parkhotel-roze.lv* | €€

AUSKUNFT

Rožu laukums 5/6 | *Tel. 63 48 08 08* | *www.liepaja.lv*

ZIEL IN DER UMGEBUNG

PĀVILOSTA (134 A4) (*☐ B10*)
Das kleine Fischerdorf (40 km entfernt) lohnt für Leute, die gerne Meeresbewohner essen. Der Geruch von Geräuchertem liegt über dem Ort. Probieren Sie z. B. im Restaurant *Āķagals (Tel. 29 16 15 33* | *€)* oder in der *Räucherei.*

RĪGA

KARTE IM HINTEREN UMSCHLAG (135 F3–4) (*☐ F9–10*) **Mit nahezu 1 Mio. Ew. nimmt Rīga gern für sich in Anspruch, die einzige wirkliche Großstadt des Baltikums zu sein. Für Lettland ist sie Hauptstadt, Herz und Seele: Jeder dritte Einwohner des Landes wohnt hier.**
Auch den Reisenden zieht diese pulsierende Metropole an der Daugava schnell in ihren Bann. *Vecrīga,* die herausgeputzte Altstadt mit ihren winkligen Gassen, Kirchen, alten Klosterhöfen, Kaufmanns- und Gildehäusern, und die berühmten Jugendstilviertel der Neustadt vereinen aus 800-jähriger Geschichte so viel Baukunst, dass die Unesco das „Paris des Ostens" 1997 zum Weltkulturerbe erhob. Doch Rīga ist auch eine Stadt im Wandel. Wohin man auch blickt in der City:

CITY WOHIN ZUERST?
Rathausplatz (Ratslaukums): Bester Ausgangspunkt für einen Stadtbummel. Autofahrer steuern ihn über die *11. Novembra krastmala* an, auf Höhe der Akmens-Brücke geht's in die (für Autos gesperrte) Altstadt. Kostenpflichtige Parkplätze gibt's z. B. gleich vorn an in der *Kaļķu iela* zwischen Okkupationsmuseum und Technischer Universität oder längs der *11. Novembra.* Vom Bahnhof fahren etliche Bus- und Trolleybuslinien hier vorbei. Haltestelle: *strēlnieku laukums.*

Es wird gebaut, saniert, restauriert. Zwar versetzte die Banken- und Wirtschaftskrise 2009 den Investitionen in Immobilien und Bauprojekte einen harten Schlag, nach einem wirklichen Ende des Booms sah es aber nur kurz aus. Grundstückspreise und Mieten, in den Jahren zuvor in irrationale Höhen geschnellt, sind kräftig gefallen. Ein teures Pflaster bleibt Rīga trotzdem. Die Mehrheit der Rīgaer wohnt denn auch dort, wohin sich kaum ein Tourist verirrt: in den grauen, von sowjetischen Plattenblocks entstellten Vorstädten.

Sobald im Frühling die Sonne ein bisschen höher steht, füllt sich „Miss Baltica" mit Leben. Überall zwischen Dom-, Liven- und Rathausplatz laden Straßencafés dazu ein, den Tag und diese wunderbare Stadt zu genießen. Rīgas historische Altstadt ist für den Autoverkehr gesperrt, doch alle Sehenswürdigkeiten lassen sich bequem zu Fuß erkunden.

SEHENSWERTES

Rīga hat mehr als 50 Museen, die Ausstellungen in den vielen Galerien nicht mitgezählt. Einen aktuellen Überblick gibt's in der Touristeninformation und unter *www.muzeji.lv*.

DOM ST. MARIEN (DOMA BAZNĪCA) ⭐

Die größte Kirche des Baltikums entstand als Auftragswerk des Rīgaer Stadtgründers Bischof Albert (sein Denkmal steht im Domhof). Schon den Grundstein ließ Albert 1211, der geplanten gewaltigen Ausmaße von St. Marien wegen, vorsorglich außerhalb der Stadtmauer legen. Allein der Rohbau mit 2 m dicken Mauern kostete 50 Jahre, und auch danach wurde so viel an der Kathedrale herumgebaut, dass ihre Architektur drei Epochen vereint: Romanik, Gotik und schließlich Barock, aus dem ein Teil der prachtvollen Ausstattung stammt, die Kanzel etwa und das Schwarzhäuptergestühl. Ein grandioses Meisterwerk ist die *Walcker-Orgel* von 1884, mit 6718 Pfeifen bis heute eine der größten und – nach der jüngst vollendeten Restaurierung – auch wieder klangschönsten Orgeln der Welt. ● Sonntags beim Gottesdienst lauschen Sie ihr ganz umsonst. *Di–Fr 13–18, Sa 10–14 Uhr | Orgelkonzerte Mi und Fr 19 Uhr | Konzertkasse gegenüber Westportal | Tel. 67 21 32 13 | www.doms.lv*

DREI BRÜDER (TRĪS BRĀĻI)

Geschwister sind diese drei Giebelhäuser eigentlich nicht. Auch wenn sie sich so schön aneinanderlehnen – sie entstanden zu ganz verschiedenen Zeiten. Das Haus Nr. 17 mit dem gotischen Stufengiebel ganz rechts stammt aus dem 15. Jh. und ist sozusagen der „große Bruder", es gilt als Rīgas ältestes Wohnhaus. Der gelbe Giebel in der Mitte dagegen trägt Züge holländischen Barocks und die Jahreszahl 1646. Der Bruder Nr. 19 links stammt aus dem 18. Jh., hier ist das lettische *Architekturmuseum (Mo–Fr 9–17 Uhr | www.archmuseum.lv)* untergebracht. *Mazā Pils 17–21*

FREIHEITSDENKMAL (BRĪVĪBAS PIEMINEKLIS) ⭐

Nationales Wahrzeichen. Drei goldene Sterne reckt „Milda", die anmutige Mädchengestalt, auf ihrer 42 m hohen Säule dem Himmel entgegen. Sie symbolisieren die Provinzen Latgale, Kurzeme und Vidzeme – Lettlands nationale Einheit. Den Sowjets war das 1935 errichtete Monument mit der Aufschrift *Tevzemei un Brīvībai* („Für Vaterland und Freiheit") ein Dorn im Auge, doch es anzurühren, wagten sie nicht. Eine stündlich wechselnde Ehrenwache schützt heute die Würde des Orts. *Brīvības bulv.*

GROSSE UND KLEINE GILDE (LIELĀ UN MAZĀ Ģ'ILDE)

Hier trafen sich die Mitglieder der Kaufmannsvereinigungen. Wohlhabende Händler, Goldschmiede, Pfarrer und hohe Beamte gehörten zur Großen, einfachere Krämer zur Kleinen Gilde. *Amatu 5 und 6*

JÜDISCHES MUSEUM (ZIDU MUZ EJS) ●

Vor dem Zweiten Weltkrieg war die jüdische Gemeinde Rīgas (5 Prozent) gleich nach der russischen (10 Prozent) die zweitgrößte Minderheit Lettlands. Doch von den insgesamt 44 000 jüdischen Bürgern überlebten nur 175 den Holocaust. Der Historiker Margers Westermanis, selbst Überlebender, hat eindrucksvoll das Leben der Juden in Lettland dokumentiert. *So–Do 12–17 Uhr | Eintritt frei | Skolas 6 | www.jews.lv*

JUGENDSTILVIERTEL ⭐ ●

In Rīgas Neustadt entstanden während des Wirtschaftsbooms Anfang des 20. Jhs. zu beiden Seiten des breiten *Brīvības*-Boulevards die meisten der fast

800 Jugendstilhäuser, für die die Stadt so berühmt ist. Lettische und russische Architekten, allen voran Michail Eisenstein, schufen in der Euphorie der *Nationalen Romantik* ganze Straßenzüge in operettenhafter Pracht. Die schönsten Belle-Epoque-Bauten stehen in der *Alberta (2–13)*, der *Elizabetes (10 b, 33)*, der *Audēju (7–11)* und der *Strēlnieku (4 a)*. Auch in der Altstadt gibt es herrliche Jugendstilhäuser, in der *Skārņu (1–3, 6–10)* und *Šķūņu (10, 12)*. Das **INSIDER TIPP** *Rīga Art Nouveau Centre (Di–So 10–18 Uhr | Alberta 12 | www.jugendstils.riga.lv)* bietet Ausstellungen und Veranstaltungen rund um den Jugendstil.

MENTZENDORFF-HAUS (MENCENDORFA NAMS)

Wohnkultur vor 250 Jahren: Wie die Familie Mentzendorff lebten wohlhabende deutsche Kaufleute im 18. Jh. in Rīga. Herrliche Wand- und Deckengemälde.
Mi–So 10–17 Uhr | Grēcinieku 18

INSIDER TIPP MOSKAUER VORSTADT (MASKAVAS FORŠTATE)

Hinter dem Hauptbahnhof, beidseits der *Gogola iela*, wandelt sich das Stadtbild: Altrussische Häuser säumen die Straßen, alles wirkt ein bisschen nostalgisch. Hier lebten seit alters her die russischen und viele jüdische Kaufleute und Bewohner Rīgas. Dominiert wird der Stadtteil von der *Lettischen Akademie der Wissenschaften*, einem Hochhaus im Monumentalstil der Stalinära.

Ein interessantes Bauwerk steht in der Elijas-Straße: die klassizistische *Jesuskirche (Jezus lut. baznīca)*, das größte hölzerne Gebäude im Baltikum. Ein Stück weiter, an der Kreuzung *Gogola/Dzirnavu iela*, erinnert ein Denkmal an die fast 30 000 Rīgaer Juden, die hier von den Nazis im Herbst 1941 in einem Ghetto zusammengetrieben und anschließend in den Wäldern außerhalb der Stadt erschossen wurden. Altrussische Frömmigkeit lebt unter der goldenen Kuppel der

Hinter den Fassaden: Innen sind Rīgas Jugendstilhäuser oft ebenso prachtvoll wie außen

Grebenschtschikow-Kirche (Grebenščikova baznīca) in der *M. krasta iela* am östlichen Rand der Vorstadt. Der Altgläubigenritus wird hier streng eingehalten: Frauen sollten beim Betreten unbedingt ein Kopftuch tragen! *Gottesdienste tgl. 8 und 17 Uhr*

MUSEUM FÜR STADTGESCHICHTE UND NAVIGATION (RĪGAS VĒSTURES UN KUG'NIECĪBAS MUZEJS)

Eines der ältesten Museen in ganz Europa, und zugleich das größte in Lettland.

Dieses Museum umfasst eine reichhaltige Sammlung zu Stadtgeschichte und Kunst. Ein Teil des Gebäudes war früher die Domschule, an der einst Johann Gottfried Herder lehrte und seine berühmte Volksliedersammlung gründete, in die er auch einige lettische Dainas aufnahm. Seine Büste steht auf dem Herderplatz vor dem Museum. *Mai–Sept. tgl. 11–17, sonst Mi–So 11–17 Uhr | Palasta 4 | www.rigamuz.lv*

OKKUPATIONSMUSEUM (OKUPĀCIJAS MUZEJS)

Die Geschichte des lettischen Volkes während der deutschen Besatzung und der Sowjetzeit. „Schwarzer Sarg" wird der Bau von den Rīgaern genannt. *Tgl. 11–18 Uhr | Strēlnieku laukums 1 | www.occupationmuseum.lv*

PETRIKIRCHE (PĒTERBAZNĪCA)

Rīgas höchste und schönste Kirche wurde erstmals 1209, damals als Holzbau, erwähnt. Der metallene ☀ Turm, 1973 fertig gestellt und 123,5 m hoch, prägt die Stadtansicht. Ein Lift bringt Sie 72 m hinauf zur zweiten Galerie, von wo man Altstadt, Ostsee und die Daugava im Blick hat. *Di–So 10–17.15 Uhr | Skārņu 19 | www.peterbaznica.lv*

SCHLOSS (RĪGAS PILS) ●

Erbaut um 1330, mehrmals zerstört und wieder aufgebaut, zuletzt 1515. Der *Heiliggeistturm* und die nördliche *Schlossmauer* sind die ältesten erhaltenen Teile. Im 18. und 19. Jh. wurde es in größerem Stil umgebaut. Heute ist das Schloss Sitz des Staatspräsidenten und des lettischen *Nationalmuseums (Mi–So 11–17 Uhr | www.history-museum.lv)*. Außerdem residieren hier auch noch das *Museum für ausländische Kunst* und das *Museum für Literatur, Theater und Musik. Pils laukums 3*

SCHWARZHÄUPTERHAUS (MELNGALVJU NAMS)

Im Zweiten Weltkrieg abgebrannt, in den späten 1990er-Jahren mit Millionenaufwand wieder aufgebaut. Neben dem go- serviert der Restaurantchef Roberts Smilga seinen Gästen in nostalgischer Atmosphäre echt lettische Spezialitäten wie die klassischen grauen Erbsen oder Sauerkrautsuppe ebenso wie eine erle-

Eine wahre Renaissance: Das Schwarzhäupterhaus wurde in den 1990er-Jahren wieder aufgebaut

tischen Prachtbau der mittelalterlichen Junggesellenbruderschaft stehen *Roland* und *Rathaus* – auch diese Bauten sind Relikte der deutschen Herrschaft. *Di–So 10–17 Uhr | Ratslaukums 7*

SCHWEDENTOR (ZVIEDRU VĀRTI)

Einzig erhaltenes Stadttor, das 1698 durch das Wohnhaus *Torṇa 11* gebrochen wurde. Insgesamt gab es acht Tore, die nach Sonnenuntergang verschlossen wurden. *Torṇa iela*

ESSEN & TRINKEN

1221

In dem 300 Jahre alten, innen stilvoll restaurierten Rīgaer Kaufmannshaus

sene internationale Cuisine, das Menü reicht da von irischem Lamm bis hin zum Lachsfilet. Eher extravagant ist das Biber-Ragout. Typisch russisch: Borschtsch, angeblich nach einem alten Rezept aus der Zarenküche. Das Restaurant verteilt sich über drei Etagen, im Sommer sitzt es sich am schönsten auf der Dachterrasse. *Jauniela 19 | Tel. 67 22 01 71 | www.1221. lv | €€€*

INSIDER TIPP ALUS SĒTA

Preiswerte lettische Speisen vom Grill und viele Sorten frisch gezapftes Bier in lockerer Umgebung. Besonders köstlich: die Rippchen *(Ribes),* die grauen Erbsen und das Tervetes-Bier. Selbstbedienung! *Tirgoṇu 6 | Tel. 67 22 24 31 | €–€€*

CITAS DEBESIS

„Der andere Himmel" nennt sich dieses trendige Café, das sich mit viel buntem Plastik von all der Backsteingotik rings-um absetzt. Tolles Frühstück, abends Disko. *Scārņu 10/20 | Tel. 67 22 70 21 | www. citasdebesis.lv | €*

KAĻĶU VĀRTI

Tolles Restaurant mitten in der Altstadt und eine Rīgaer Institution. Nebenan im Bistro isst man etwas günstiger. Im Sommer großer Biergarten auf dem Livenplatz, abends oft lettische Livemusik im Club im Keller. *Kaļķu 11a | Tel. 67 21 25 75 | €€*

NOSTALĢIJA

Sowjetretro unter Stuckdecken und Revolutionsgemälden, aber beste russische Küche. *Kaļķu 22 | Tel. 67 22 23 38 | €€*

INSIDER TIPP ▶ OSIRIS

Beliebtes Café fürs Frühstück, für Mittag- und Abendessen – oder aber auch nur für einen Drink zwischendurch. Gemütliche Atmosphäre mit klassischer Musik. Beliebter Künstlertreff. *Barona 31 | Tel. 67 24 30 02 | €€–€€€*

ROZENGRĀLS

Hier speisen Sie wie im Mittelalter, nur alles etwas opulenter – und teurer! Spezialität des Hauses sind Wildgerichte. Das Nobelrestaurant im gotischen Gewölbekeller gilt als ältestes der Stadt, schon 1252 floss hier der Wein in Strömen. *Rozena 1 | Tel. 67 22 47 48 | www. rozengrals.lv | €€€*

EINKAUFEN

Rīgas City ist eine einzige Shoppingmeile. In der Altstadt reiht sich eine Boutique an die andere, besonders feine Läden haben sich in der *Torna* angesiedelt. Die Edel-Labels der Modeszene residieren in der *Elizabetes.* Zum trendigen Einkaufsviertel für Designermode, Schmuck und Kosmetik mausert sich gerade die neu-

Wohin zum Abendessen? In der lettischen Hauptstadt gibt es viele gute Adressen

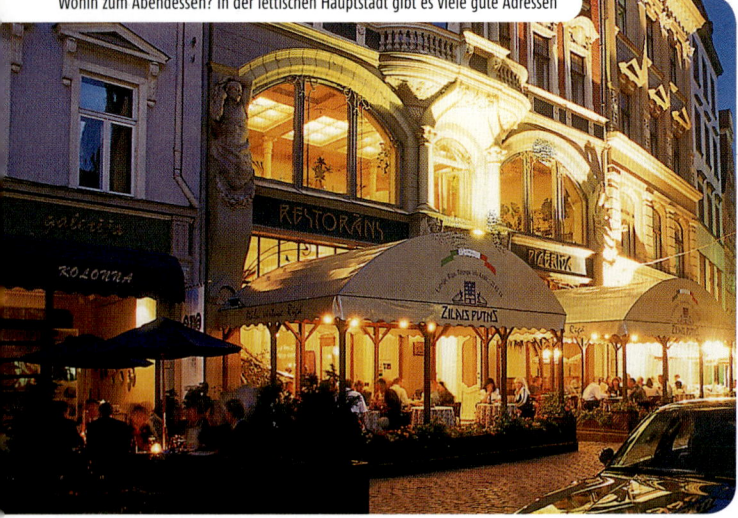

städtische *Tērbates* samt ihrer Nebenstraßen.

BERGA BAZĀRS ☺

Der feinste Shoppingtempel von Rīga residiert rings um das 5-Sterne-Hotel *Bergs (www.hotelbergs.lv | €€€)* in den eleganten Arkaden eines stilvoll restaurierten Gründerzeitkomplexes. Auch Bioprodukte und Slowfood. *Marijas 13 | www.bergabazars.lv*

GALERIJA CENTRS

Schon zu Vorkriegszeiten genoss das Kaufhaus *Centrāls* einen legendären Ruf in Lettland. Nun hat es sich in eine verglaste Shoppingmall verwandelt mit fast 100 Läden und riesigem *Rimi*-Supermarkt. *Tgl. 10–23 Uhr | Audēju | www.galerijacentrs.lv*

JĀNA SĒTA

Diese geografische Buchhandlung führt das wohl beste, breiteste Angebot an Landkarten und Stadtplänen im gesamten Baltikum. Vor einer Fahrt durchs Land unbedingt hierher! *Elizabetes 83–85 | www.kartes.lv*

LAIMA

Genießen Sie die ganze Vielfalt von Lettlands berühmter Schokolade. *Smilšu 16*

LATVIJAS BALZĀMS

Hier gibt's den schwarzen Kräuterlikör ganz exklusiv. *Audēju 8*

RANDOMS

Angeblich der größte Plattenladen des Baltikums. Lettlands Musikszene erhören? Nichts wie rein! *Kaļķu 4*

SALONS A

Von extravagant bis klassisch: Mode von Lettlands Topschneiderin Asnāte Smeltere. *Kaļķu 24*

ZENTRALMARKT (CENTRALTĪRGUS) ☺

Berge von (Bio-)Gemüse und Obst, Brot und Gebäck in zahllosen Sorten, Fleisch, Butter, Blumen, Gewürze, Honig, Wolle, Fisch von Aal bis zum typischen Neunauge: Der Zentralmarkt in den einstigen Zeppelinhangars am Bahnhof ist eine Rīgaer Institution. *Tgl. 8–18 Uhr | Pragas 1*

AM ABEND

INSIDER TIPP ▶ BALZAMBARS ●

Wer Rīga besucht, ohne *Rīgas Melnais Balzams,* den lettischen Kräuterbitter, zu probieren, ist nicht wirklich da gewesen. In der gemütlichen Kellerkneipe können Sie auch hervorragende Spinatsuppe essen. *Tgl. 12–24 Uhr | Torņa 4*

D'VINE

Ein Weinspot ist das Baltikum nicht gerade, doch diese supermodern gestylte Bar im zweiten Stock des Latvija-Hotels lässt das fast vergessen: Bei 120 Sorten aus aller Welt auf der Weinkarte lässt es sich hier locker ein paar Abende aushalten. *Elizabetes 55 | www.revalhotels.com*

LETTISCHE NATIONALOPER (LATVIJAS OPERA)

Lettland setzte bei der Kulturförderung ganz auf die Oper. Das Ergebnis hält dem internationalen Vergleich stand. Das prachtvolle Haus kann man auch besichtigen, es gibt Führungen (auf Engl.). *Aspazijas 3 | Tel. 67 07 37 77 | www.opera.lv*

INSIDER TIPP ▶ PULKVEDIM NEVIENS NERAKSTA

Das Kultlokal, nach dem Marquez-Roman „Der Oberst hat niemand, der ihm schreibt" benannt, ist auch 20 Jahre nach seiner Gründung angesagt – was etwas heißen will in Rīgas schnelllebiger Clubszene. *So–Do 12–2 Uhr, Fr/Sa 12–5 Uhr | Peldu 26/28 | www.pulkvedis.lv*

LA ROCCA REVOLUTION
Große Diskofabrik mit Themenpartys, vielen schönen, sehr gestylten Menschen und allem Drum und Dran. *Do–So ab 22 Uhr | Brīvības 96 | www.larocca-revolution.lv*

Doma Laukums 1 | Tel. 67 81 40 90 | www.gutenbergs.lv | €€

KONVENTA SĒTA
Hell und freundlich, in den Gemäuern eines ehemaligen Witwenkonvents. *140*

In der Disko La Rocca ist gute Laune ein Muss. Da lacht sogar der beleuchtete Tresen

ÜBERNACHTEN

AINAVAS
Schlichte Fassade, dahinter eines der schönsten Hotels der Altstadt. Jedes der 23 Zimmer ist anders eingerichtet – jeweils dem Landschaftsbild über dem Bett entsprechend. *Peldu 23 | Tel. 67 81 43 16 | www.ainavas.lv | €€€*

GUTENBERGS
Direkt am Domplatz im einst ersten lettischen Verlagshaus, sehr stilvoll möbliert zwischen 19. Jh. und Art déco. Die Zimmer sind klein, aber komfortabel. Traumhaft: die ☀ Dachterrasse mit herrlichem Altstadtblick. *38 Zi. |*

Zi. | Kalēju 9/11 | Tel. 67 08 75 01 | www.konventa.lv | €€€

KRIŠJĀNIS & GERTRŪDE
Sechs saubere, gemütliche und günstige Doppelzimmer bietet dieser B & B-Familienbetrieb, und bis ins Zentrum ist es auch nicht weit. Rechtzeitig buchen! *K. Barona 39 | Tel. 67 50 66 02 | www.kg.lv | €€*

OLD TOWN HOSTEL
Große saubere Schlafsäle (6–12 Betten), Küche für Selbstversorger: Das Jugendhostel in der Nähe der Altstadt ist ein super Tipp für Backpacker. Pub, kostenloser Internetzugang. Günstiger geht's in Rīga kaum. Rechtzeitig reservieren!

42 Betten | Vaļņu 43 | Tel. 67 22 34 06 | www.rigaoldtownhostel.lv | €

RADI UN DRAUGI
Eines der populärsten Hotels mitten in der Altstadt. Für Rīgaer Verhältnisse moderate Preise. *76 Zi. | Mārstalu 1–5 | Tel. 67 82 02 002 | www.draugi.lv | €€*

AUSKUNFT

Rātslaukums 6 | Tel. 67 03 79 00 | www.rigatourism.com
Deutschsprachige Führungen tgl. ab 11.45 Uhr, Treffpunkt Ratslaukums. Hier fahren auch Doppeldeckerbusse zu Rundfahrten ab *(www.citytour.lv)*.
Zu empfehlen ist die zweimonatlich erscheinende Broschüre *Rīga In Your Pocket* (engl.) mit vielen aktuellen Tipps.

ZIELE IN DER UMGEBUNG

ETHNOGRAFISCHES FREILICHT-MUSEUM (ETNOGRĀFISKAIS BRĪVDABAS MUZEJS) (135 F3) (*Ø G9*)
Alt-Lettland auf 100 ha: Über 100 Gebäude aus allen Provinzen des Landes wurden hier auf einem Areal am Juglas-See (etwa 10 km östlich der Innenstadt) zusammengetragen: Bauernhöfe, hölzerne Bockwindmühlen, ein ganzes Fischerdörfchen, eine Kirche sogar. Im *Museumsladen* gibt's **INSIDER TIPP** traditionelles Kunstgewerbe. *Tgl. 10–17 Uhr | Brīvības 440 | Bus Nr. 1*

JELGAVA (135 E4–5) (*Ø F10*)
Jelgava (44 km von Rīga, 100 000 Ew.) war über Jahrhunderte hinweg Lettlands zweitwichtigste Stadt. Nach dem Verfall des mittelalterlichen Ordensreichs stieg sie zur Hauptstadt des Herzogtums Kurland auf. Herzog Jakob gründete im 17. Jh. die ersten und einzigen lettischen Kolonien in Gambia und Tobago. Heute zeugt nur noch das *Barockschloss* auf der *Schlossinsel (Pilssala)* davon. Sehenswert: die Totenschreine der Herzöge von Kurland. Gruft: *Mo–Sa 10–6 Uhr | Anmeldung: Tel. 63 00 56 17;* Auskunft: *Touristeninformation | Pasta 37 | Tel. 63 02 27 51*

JŪRMALA ⭐ (135 E4) (*Ø F9*)
20 km vor den Toren Rīgas liegt die Ostsee – und der Badeort Jūrmala (60 000 Ew.). Ein Städtchen, das schon zur Zeit der Wende vom 19. zum 20. Jh. von den Rīgaern als eleganter Kur- und Badeort entdeckt wurde. Die verspielten Holzhäuser in den Stadtteilen Dzintari, Dubulti und Majori sind Relikte jener Zeit und werden heute zu Höchstpreisen gehandelt. Der feinsandige weiße Strand, der sich über mehr als 30 km entlang der Küste erstreckt, das flache Wasser und die lange Flaniermeile locken die Leute. Auskunft: *Lienes 5 (Majori) | Tel. 67 14 79 00 | www.jurmala.lv.;* Übernachten: *Familienhotel Elīna | 25 Zi. | Lienes 43 (Majori) | Tel. 67 76 16 65 | €;* Restaurant: *Villa Joma | große Auswahl | Jomas 88a (Majori) | Tel. 67 77 19 99 | €€*

VENTSPILS

(134 B2) (*Ø C8*) **Die Stadt (50 000 Ew.) birgt den wichtigsten Hafen Lettlands. Er geht auf eine Gründung des Deutschen Ordens aus dem 13. Jh. zurück.**
Neben den restaurierten Kaianlagen lädt eine moderne Uferpromenade zum Hafenspaziergang ein. Im Zentrum locken hinter schick renovierten Fassaden gemütliche Cafés und Restaurants. Auch der Strand ist vom Feinsten.

SEHENSWERTES

ALTSTADT (VECPILSĒTA)
Nicht groß, aber wirklich sehenswert. Ventspils hat viel Geld in die Restaurie-

rung seiner Häuser und Straßen investiert. Am *Ratslaukums*, dem Rathausplatz, steht die im Jahr 1835 erbaute evangelische Nikolaikirche *(Sv. Nikolas baznīca)*, die mit ihrem spätklassizistischen Säulenportikus eher an einen Tempel erinnert. Gegenüber: das alte *Rathaus (Annas iela 13)* von 1850. Schön zum Bummeln: die verkehrsberuhigte *Kuldīgas iela* mit Geschäften und einigen Cafés. Am nordöstlichen Rand der Altstadt erinnert die orthodoxe *Kirche* mit ihren fünf Zwiebeltürmen (1905) an russische Geschichte.

ORDENSBURG (PILS)

Die um 1290 von den Rittern des Livländischen Ordens gegründete Burg, älteste Festung Lettlands, gab dem Ort den Namen: Ventspils heißt „Burg an der Vente". Für viel Geld restauriert, ist die vierflügelige Anlage heute Wahrzeichen der Stadt und beherbergt ein *Museum*, sehenswert schon seiner multimedialen Ausstellung wegen. Sie zeichnet 1000 Jahre baltische Geschichte nach. *Mai–Okt tgl. 9–18, sonst Di–So 10–17 Uhr | Jāņa 17 | www.ventspils muzejs.lv*

ESSEN & TRINKEN

LIVONIJA

Hier gibt es Gerichte mit Schweinefleisch, aber auch Fisch. Am Wochenende wird ab 20 Uhr getanzt. *Kuldīgas 13 | Tel. 63 62 22 87 | €€*

MELNAIS SIVENS

Die Burggaststätte „Schwarzes Ferkel" tischt deftige Hausmannskost auf, die sich hier „mittelalterlich" nennt. Zu seinem Namen kam das Lokal wegen eines rätselhaften Schweineskeletts, das Archäologen hier bei der Restaurierung der Burg fanden. *Jāņa 17 | Tel. 63 62 23 96 | www.pilskrogs.lv | €€*

FREIZEIT & SPORT

AKVAPARKS

Zwischen Strand und dem Jūrmala-Park gibt's einen Aquapark mit Rutschen und allerhand Spaßbadgerätschaften – falls die Ostsee zu frisch ist. *Mai–Okt tgl. 10–19 Uhr | Mednu 19 | www.pludmalesak vaparks.lv*

DAMPFER HERCOGS JEKABS

Der Dampfer nimmt Sie mit auf die Reise durch den größten Ölhafen der Ostsee. *Abfahrt Mai–Aug. alle 1–2 Std. 10–19, Okt. 11–18 Uhr | Kreuzung Ostas und Tirgus, Kai Nr. 18 | Tel. 63 62 25 86*

ÜBERNACHTEN

13 ENKURI

Kleine, freundlich geführte Pension am Yachthafen, der Name des Hauses („13 Anker") passt dazu. *6 Zi. | Loču 12 | Tel. 63 62 32 17 | €*

RAIBIE LOGI

Komfortables kleines Altstadthotel hinter der Fassade eines restaurierten Holzhauses, die neun Zimmer sind geschmackvoll im Landhausstil eingerichtet. *Lielais prosp. 61 | Tel. 29 14 23 27 | www.raibielogi. lv | €€*

AUSKUNFT

Tirgus 7 | Tel. 63 62 22 63 | www. ventspils.tourism.lv

ZIELE IN DER UMGEBUNG

INSIDER TIPP **JŪRKALNE** ●
(134 A3) (*ID B9*)

Die Steilküste von Jūrkalne (50 km südlich von Ventspils) lädt nicht nur zu langen Strandspaziergängen ein: Hier müssen Sie auch baden gehen. Das

Meer ist einfach großartig, wild und kühl. Übernachtungsmöglichkeit finden Sie in romantischen Holzhäusern gleich bei den Klippen. Es gibt auch einen Fahrradverleih. *Lūķi | Tel. 29 36 43 47*

KULDĪGA (134 B3) (*∅ C9*)

In Kuldīga sieht es tatsächlich so aus, als sei hier vor hundert Jahren die Uhr einfach stehen geblieben. Einst war dieser Ort sogar Sitz des Herzogs Jakob von Kurland. Die Stadt (13 000 Ew., ca. 55 km südöstlich von Ventspils) ist die einzige in ganz Lettland, in der die hölzerne Bebauung aus dem 18. und 19. Jh. noch erhalten ist.

Auch den breitesten *Wasserfall* des Landes lohnt es sich von der steinernen *Ventabrücke (Ventas tilts)* aus dem 19. Jh. aus anzuschauen. Übernachtung: *Jāna Nams | Liepājas 36 | Tel. 63 32 34 56 | www. parks.lv/home/jananams | €€*; Auskunft: *Baznīcas 5 | Tel. 63 32 22 59 | www. kuldiga.lv*

SLĪTERE-NATIONALPARK
(134 C2) (*∅ D7–8*)

In der Isolation als sowjetisches Militärsperrgebiet entwickelte sich um das raue *Kolkas rags (80 km nordöstlich)* ein wilder Küstenurwald, der den Kern des 160 km² großen Slītere-Nationalparks bildet. Am Kap stehen Trümmer eines Leuchtturms am „Strand der zwei Meere", wie die Einheimischen die einsame sturmumtoste Spitze zwischen Ostsee und Rīgaer Bucht nennen. Ein weiteres Seezeichen steht 5 km im Landesinneren (!): der rote ☀ Leuchtturm *Slīteres bāka* beim Dorf Slītere. Den Aufstieg zur Galerie belohnt aus 60 m Höhe ein grandioser Ostseeweitblick bis zur estnischen Insel Saaremaa. Der Weg von Ventspils zum Kolkas rags führt an sechs ethnografisch geschützten Fischerdörfern vorbei, in denen die **INSIDER TIPP** **letzten Nachfahren der Liven** leben, Lettlands kleinste Minderheit. Nationalparkzentrum: *Dundaga | Mai–Sept. tgl. 10–18 Uhr | www.slitere.gov.lv*

So außergewöhnlich schön wie sein breiter Wasserfall ist auch der Rest Kuldīgas

LITAUEN

Ganz anders seien sie als die Esten und Letten, emotionaler, südlicher halt, heißt es oft: Die Litauer seien so etwas wie die Italiener des Baltikums. Das ist vielleicht etwas übertrieben. Doch die größte und bevölkerungsreichste der drei Ostseerepubliken, etwa so groß wie Bayern und von 3,4 Mio. Menschen bewohnt, unterscheidet sich schon in manchem von ihren Nachbarn.

Litauer sind katholisch. Was sich aus der langen gemeinsamen Geschichte mit Polen erklärt. Gelebte Religiosität ist hier selbstverständlicher Teil der Alltagskultur. Kirchen mit dem markanten Doppelturm prägen im ganzen Land die Städte und Dörfer, in der Hauptstadt Vilnius stehen so viele auf engstem Raum beieinander wie in keiner anderen Stadt Osteuropas.

Vielerorts säumen Kruzifixe und Marienstöcke Straßen und Wege. Doch typisch für die Litauer ist auch ihre starke Naturverehrung. Der Wald ist Litauens großer Mythos. Kurioserweise wurzelt diese Naturliebe im alten heidnisch-pantheistischen Glauben. Denn lange widerstand das Ostseevolk den Kreuzzügen der deutschen Ordensritter und blieb bis ins 14. Jh. hinein ungetauft. Dass sie die letzten Heiden Europas gewesen sind, erzählen die Litauer gern und hörbar stolz. Vielleicht brennen die Feuer in der Nacht zum 24. Juni daher hier besonders groß und zahlreich? Nirgendwo im Baltikum wird die Sommersonnenwende ausgiebiger gefeiert.

Landschaftlich bietet Litauen eine große Vielfalt: im Nordosten die Aukštaitija-

Bild: die große Düne auf der Kurischen Nehrung

Sand am Meer: Schon seit Jahrhunderten erholen sich Urlauber an den Stränden des größten baltischen Landes

Seenplatte, im Süden mineralische Heilquellen, mehr als 750 Flüsse zählt das kleine Land, das zu einem Drittel bewaldet ist. Die Küste misst zwar nur 99 km Länge, dafür birgt sie eine der berühmtesten Ostseelandschaften überhaupt: die Kurische Nehrung.

Litauens Geschichte ist die einer Vielvölkerrepublik. Schon immer verband dieses Land Ost und West, und an diese Tradition hat das junge EU-Mitglied bewusst angeknüpft, unter anderem mit einem sehr liberalen Minderheitengesetz.

Sicher war das auch einer der Gründe, der Hauptstadt Vilnius, dieser betörend schönen Barockstadt, 2009 den Titel „Kulturhauptstadt Europas" zu verleihen.

KAUNAS

(142 C3) (*M F15*) **Litauens zweitgrößte Stadt (420 000 Ew.) stand immer etwas im Schatten von Vilnius. Darum sieht sich das selbstbewusste Handels- und Wirtschaftszentrum am Zusammenfluss**

von Nemunas und Neris gern als „heimliche Hauptstadt".

Zwischen den Weltkriegen, als Vilnius von Polen besetzt war, saß die Regierung für 18 Jahre in Kaunas. Bis heute schlägt hier das nationale Herz Litauens. Die

Hol' Dich doch der Teufel!

Universität heißt nach Großfürst Vytautas und die Fußgängerzone Freiheitsallee. Kaunas ist eine Stadt der Museen. Es gibt mehr als 30 Ausstellungen zu allem nur Erdenklichen der litauischen Geschichte, von Sport bis Militär *(www.muziejai.lt)*.

CITY **WOHIN ZUERST?**
Unabhängigkeits- oder Rathausplatz: Ein Stadtbummel beginnt am Rathausplatz in der Altstadt oder auf dem Unabhängigkeitsplatz, jeweils an den Enden der Fußgängerzone *Vilniaus/Laisvės aleja* gelegen. Vom Bahnhof führen mehrere Buslinien dorthin. Autofahrer meiden besser das Stadtzentrum und parken auf dem Parkplatz an der Burg.

SEHENSWERTES

ALTSTADT (SENAMIESTIS)

Die Altstadt auf der Landspitze zwischen den Flüssen hat in ihren Gassen und Winkeln viel mittelalterlichen Charme bewahrt. Am Flussufer der Neris liegen die Reste der wehrhaften *Burg* Kaunas *(www.kaunopilis.lt)*, zum Teil rekonstruiert und zu besichtigen, dahinter führt der kleine *Santakos-Park* bis an den Zusammenfluss von Neris und Nemunas. Das ursprünglich gotische *Rathaus* von 1542 *(Keramikmuseum im Rathaus | Di–So 11–17 Uhr)*, „weißer Schwan" genannt, trägt nach diversen Umbauten auch barocke und klassizistische Züge und erinnert mit seinem 53 m hohen Turm eher an eine Kirche. Auf der Ostseite des Rathausplatzes sind einige gotische *Kaufmannshäuser* erhalten *(Rotušės aikštė 1–3)*. An der Südseite steht die zweitürmige barocke *Stanislauskirche (Šv. Stanislovo bažnyčia)*. Die gewaltige Kathedrale von Kaunas, *St. Peter und Paul (Šv. Petro ir Povilo arkikatedra)* schließt im Nordosten an den Rathausplatz an. Sie ist das größte gotische Bauwerk in Litauen.

AŽUOLYNAS PARKAS

Der hügelige Park mit uralten Eichen liegt nahe dem Busbahnhof. Hier erholen sich die Kaunasser. *Baršausko*

ČIURLIONIS-KUNSTMUSEUM (ČIURLIONIS VALSTYBINIS MUZIEJUS)

Der Maler und Komponist Mikolajus Konstantinus Čiurlionis (1875–1911) zählt zur Riege der litauischen Nationalkünstler. Hier hängen etwa 360 seiner Gemälde und Zeichnungen. Im Musiksaal lässt sich nacherleben, wie das empfindsame Universalgenie aus der Waldstadt Druskininkai seine symbolistische Malerei in Klänge umsetzte. Es ist das bedeutendste Museum in Kaunas und eines der besten Litauens. *Di–So 11–17 Uhr | Putvinskio 55 | Führungen: Tel. 37 22 94 75 | www.ciurlionis.lt*

NEUNTES FORT (DEVYNTAS FORTAS)

In der zaristischen Grenzfestung (1883) am Stadtrand *(8 km nordwestlich des Zentrums | Buslinie 23)* sperrten die Nazis ab 1941 Juden und sowjetische Kriegsgefangene ein. Nahezu alle Häftlinge des Todeslagers (Deckname „Fabrik Nr. 1005-B") wurden umgebracht, fast 80 000 Menschen. Nach dem Krieg übernahmen Stalins Folterknechte das Fort als Gefängnis. Eine bedrückende Gedenkstätte. *Mi–Mo 10–18 Uhr | Führungen auf Deutsch | Žemaičių 73*

PERKŪNAS-HAUS (PERKŪNO NAMAI)

Das Haus, nach dem heidnischen Donnergott benannt, baute im 16. Jh. ein Kaufmann. Die Fassade ist aus 16 Ziegelsteinarten gemauert und ein prachtvolles Beispiel spätgotischer Baukunst in Litauen. *Mo–Fr 8–17 Uhr | Aleksoto 6*

SUGIHARA-HAUS

Von 1939–1940 gab der japanische Konsul Sugihara tausende Ausreisevisa an Kaunaser Juden aus, gegen den Willen der deutschen Invasoren. Im Wohnhaus des japanischen Schindler ist heute ein kleines Museum eingerichtet. *Mo–Fr 10–17, Sa/So 11–16 Uhr | Vaižganto 30*

INSIDER TIPP ▶ TEUFELSMUSEUM (VELNIŲ MUZIEJUS) ●

Im altlitauischen Volksglauben ist der Teufel eher ein schräger Vogel, der Schabernack mit den Seelen der Menschen treibt, als das Böse schlechthin. Das weltweit einzigartige Teufelsmuseum in Kaunas geht auf die besondere Sammelleidenschaft des impressionistischen Malers Antanas Žmuidzinavičius (1879–1966) zurück. Mehr als 2000 Teufelsfiguren aus aller Welt können Sie sich hier anschauen. *Di–So 11 bis 17 Uhr | Putvinskio 64*

MARCO POLO HIGHLIGHTS

★ **Berg der Kreuze**
Keiner kann zählen, wie viele Kreuze, Heiligenfiguren und Bittschriften hier eingesteckt sind → S. 82

★ **Kurische Nehrung**
Nur Wasser und Sand, aber beides in Hülle und Fülle → S. 82

★ **Gotisches Ensemble**
Zwei ungleiche gotische Kirchen in der Barockstadt Vilnius → S. 89

★ **Tor der Morgenröte**
Katholische Pilger aus ganz Osteuropa verehren das Bild Marias in der Vilniuser Kapelle auf dem Tor → S. 90

★ **Aukštaitija-Nationalpark**
Naturparadies mit vielen Seen und undurchdringlichen Wäldern → S. 94

★ **Trakai**
Trakai lockt mit gotischer Inselburg und schöner Seenlandschaft → S. 95

ESSEN & TRINKEN

55°

Das moderne, zum Kaunas-Hotel gehörende Restaurant trägt die Prozentzahl der hier gereichten, selbst gebrannten Wodkas *(lit.: Samanė)* gleich im Namen, aber Sie können hier auch sehr gut essen. *Laisvės 79 | Tel. 37 75 08 70 | €€€*

LOW BUDG€T

▶ Kaunas' Seilbahn *Funikulerius* rumpelt zu den ☼ Aleksoto-Hügeln hinauf. Das Unikum von 1935 ist zwar nur zwei Minuten unterwegs, aber für 60 Cent sparen Sie 265 Treppenstufen und genießen oben gratis den herrlichen Panoramablick.

▶ Das Simon-Dach-Haus, Domizil der deutschen Minderheit in Klaipėda, bietet unterm Dach zwei sehr günstige Gästezimmer für Selbstversorger an. Für weniger Geld schläft man in der Stadt wohl nur unter der Brücke. Und bekommt sogar noch manchen Reisetipp – gratis. *Jūros 7 | Tel. 46 31 14 81 | www.sdh.lt*

▶ Eine halbe Autostunde nördlich von Vilnius liegt der Hügel Bernotai, der seit 1989 die ● geografische Mitte Europas markiert! Der sternenbekrönte Marmorobelisk, der zum EU-Beitritt über die berühmten Koordinaten gepflanzt wurde, lohnt ein symbolträchtiges Erinnerungsfoto. Eintritt? Europas Mitte ist (noch) umsonst. Auf die Urlaubspostkarte gibt's hier auch einzigartige Sonderstempel – buchstäblich aus Mitteleuropa!

AVILYS

Wie es sich für das Restaurant einer preisgekrönten Brauerei gehört, gibt es in diesem Lokal vor allem eines in großer Auswahl: Bier. Das Essen ist aber auch ganz ordentlich, aufgetischt wird litauisch. *Vilniaus 32 | Tel. 37 20 34 76 | €€*

FORTO DVARAS

In dem rustikal ausgestatteten, bei Einheimischen sehr beliebten Restaurant können Sie traditionelle `INSIDER TIPP` Gerichte aus allen historischen Provinzen Litauens probieren. Die Speisekarte ist bebildert – zur Sicherheit. Östlich der Neustadt, hinter dem Azvuolynas-Park. *K. Barsausko 66 a | Tel. 37 76 51 01 | €€*

MIESTO SODAS

Eines der moderneren neuen Restaurants auf der Freiheitsallee. Küche betont international, tolle Terrasse. In der Kelleretage geht abends die Post ab – im coolen Danceclub *Siena. Laisvės 93 | Tel. 37 42 44 24 | www.miestosodas.lt | €*

SENIEJI RUSIAI

Im „Alten Keller" erwartet Sie viel mittelalterliches Flair und auf der Speisekarte rustikal-einheimische Spezialitäten. Sehr populär, abends oft voll. *Vilniaus 34 | Tel. 37 20 28 06 | www.seniejirusiai.lt | €€*

ZALIAS RATAS

Original litauische Küche, in Bauernhausambiente von Kellnern in Landestracht serviert. Drinnen rustikal-gemütlich, draußen Holzbänke, manchmal Livemusik. *Laisves 36 b | Tel. 37 20 00 71 | €*

EINKAUFEN

Die schnurgerade *Freiheitsallee (Laisvės alėja)* ist die Shoppingmeile von Kaunas. Das große Kaufhaus *Merkurijus* befindet sich in Nummer 60. Beschaulicher ist die sich anschließende *Vilniaus gatvė* mit mehreren schönen Kunsthandwerksläden (*Vilniaus 25, Valančiaus 5, 20*). Stadtpläne und gute Litauen-Karten gibt's im Buchladen *Centrinis Knygynas (Laisvės 81)*.

In der schnurgeraden Freiheitsallee reiht sich Shop an Shop

FREIZEIT & SPORT

BASKETBALL (KREPŠINIS)
Litauen ist Basketballnation, der Verein *Žalgiris Kaunas* gehört zu den Topteams der Welt. Für Heimspiele rechtzeitig Tickets sichern! *Spielplan: www.zalgiris.lt | Sportpalast Perkūno 5 | Tel. 37 20 05 14*

AM ABEND

INSIDER TIPP **EX·IT**
Hotspot der Clubzene in Kaunas. Hier legen die besten DJs des Baltikums auf. *Maironio 19 | Tel. 37 20 28 13 | www.exit.lt*

SKLIAUTAS
Pub, Bar, Club, Café – irgendwie alles in einem. Im Urvater aller Kneipen von Kaunas wird es abends rappelvoll. Oft Jazz, hier trifft sich die Szene. *Tgl. 10–24 Uhr | Rotušės 26 a | www.skliautas.com | €€*

ÜBERNACHTEN

KAUNAS
Moderner 4-Sterne-Komfort im Traditionshotel (1890) direkt an der Freiheitsallee, schicke, elegante Zimmer, die oberen im verglasten 5. Stock mit herrlichem Blick über die Stadt. *57 Zi. | Laisvės aleja 79 | Tel. 37 75 08 50 | www.kaunashotel.lt | €€€*

KUNIGAIKŠČIŲ MENĖ
Gästehaus in der Altstadt, einfache Zimmer, aber schön ruhig gelegen. Gemütliches Hausrestaurant im Keller. *8 Zi. | Daukšos 28 | Tel. 37 32 08 00 | www.hotelmene.lt | €€*

PERKŪNO NAMAI
Neuer, moderner Komplex, von Grünanlagen umgeben. Namensgeber Perkūnas ist zwar der alte heidnische Donnergott der Litauer, aber im Hotel geht es ruhig zu. *30 Zi. | Perkžno 61 | Tel. 37 32 02 30 | www.perkuno-namai.lt | €€€*

SANTAKOS
Hinter der eher unscheinbaren Backsteinfassade in einer ruhigen Seitenstraße versteckt sich ein feines Boutiquehotel. Mit Swimmingpool, Sauna und einem tollen Restaurant. *40 Zi. | Gruodžio 21 | Tel. 37 30 27 02 | www.santaka.lt | €€€*

AUSKUNFT

Laisvės 36 | Tel. 37 32 34 36 | visit.kaunas.lt

ZIELE IN DER UMGEBUNG

ETHNOGRAFISCHES FREILICHTMUSEUM RUMŠIŠKĖS
(143 D3) (*F15*)

Aus dem ganzen Land zusammengetragen und originalgetreu wieder aufgebaut: Bauernhöfe, Dorfschulen, Wind-

entstanden durch ein 1954 gebautes Wasserkraftwerk am Nemunas. Es liegt am südöstlichen Stadtrand und ist beliebtes Ausflugs- und Wassersportziel der Kaunasser. Segeltörns und schlichte Unterkunft: *Yachtklub Žalgiris | 25 Zi. | Gimutienės 35 | Tel. 37 76 93 60 | www. jachtklubas.lt*

Indiskretion erwünscht: In Rumšiškės dürfen Sie in bäuerliche Schlafstuben schauen

mühlen, Brunnen, Backöfen. Litauen im Kleinen, jede Region hat ihr eigenes Dörfchen. Nehmen Sie sich Zeit für einen Bummel durch *Rumšiškės (20 km östlich von Kaunas),* der Rundweg durch das parkartige Areal bringt es auf 7 km, doch es lohnt sich. Am Wochenende oft schöne INSIDER TIPP Kunsthandwerkermärkte und Folklorefeste. *Mai–Okt. Di–So 10–18 Uhr | auf der A1 Richtung Vilnius bis Abfahrt Rumšiškės | www.llbm.lt.* Im TIC (*Neris 4–6 | Tel. 346 4 73 92*) gibt's ein gutes Faltblatt.

KAUNASSER MEER UND KLOSTER PAŽAISLIS
(142–143 C–D3) (*F15*)

Das Meer (*Kauno jüros*) ist ein Stausee, der größte Litauens, 93 km lang,

Am westlichen Ufer liegt das *Kloster Pažaislis (Pažaislio vienuolynas),* im 17. Jh. für den Orden der Kamaldulenser gebaut und ein Meisterwerk des Hochbarock. Im Zentrum steht die majestätische sechseckige Klosterkirche, die Kuppel bringt es auf 53 m Höhe. *Di–So 11–17 Uhr | Kauno jüros 31 | Anmeldung für Führungen: Tel. 37 75 64 85*

KĖDAINIAI (142 C2) (*F14*)

Litauens Gurkenhauptstadt! Das grüne Krummgemüse wird hier seit Jahrhunderten angebaut und verarbeitet, es gibt sogar Gurkenschnaps und ein INSIDER TIPP Gurkenfest im Juli.

Das beschauliche Städtchen (50 km nördlich) in der geografischen Mitte Litauens war in seiner Geschichte für noch etwas bekannt: dafür, religiös besonders tolerant zu sein. Bis heute erinnern daran zwei Synagogen, ein Minarett, sieben Kirchen. Eine ist etwas Besonderes: *St. Joseph,* eine barocke Stabkirche. Der Bummel durch die hübsche, schön restaurierte *Altstadt* lohnt sich auch wegen seiner Marktplätze: Es gibt gleich vier davon! Übernachten: *Grėjaus namas (18 Zi. | Didžioji 36 | www.grejausnamas.lt | €€). www.kedainiai.lt*

KLAIPĖDA

(138 A3) (ᗰ B13) Klaipeda (195 000 Ew.) an der Mündung des Kurischen Haffs in die Ostsee ist Litauens „Tor zur Welt". Wirtschaftlicher Motor und Scharnier des Aufschwungs, den die drittgrößte Stadt des Landes seit Jahren nimmt, ist der Hafen mit seinen 35 Mio. Tonnen Jahresumschlag, Tendenz steigend.

In Klaipėda fließen deutsche und litauische Geschichte ineinander. Fast sieben Jahrhunderte lang, von ihrer Gründung 1252 bis zum Kriegsende 1945, hieß die Stadt Memel und gehörte zu Ostpreußen. In der kleinen Altstadt mit ihren schach-

brettförmig angelegten Straßen, den Speichern und Fachwerkhäusern ist immer noch der Charme der alten memelländischen Hansestadt zu spüren. Nach dem Krieg erhielt sie ihren frühmittelalterlichen litauischen Siedlungsnamen zurück, wie er im 9. Jh. erstmals aus dem Dunkel der Geschichte auftaucht: Klaipėda.

Zu sowjetischer Zeit war Klaipėda Sperrgebiet. Moskau ließ alle Kirchen abreißen, den Hafen ausbauen, Rüstungsbetriebe ansiedeln und die Stadt abriegeln. Erst seit 1997 dürfen Ausländer wieder rein.

SEHENSWERTES

ALTSTADT (SINAMIESTIS)

Zwischen den kleinen Läden, Cafés und Galerien zieht der Alltag ganz beschaulich dahin. Die Altstadt wuchs als Handwerkerviertel. Die Straßennamen erzählen davon: Da gibt es eine Fischer- *(Žvejų),* eine Schuster- *(Kurpių)* und eine Bäckerstraße *(Kepėjų),* auch Schlosser *(Šaltkalvių)* und Schmied *(Kalvių)* haben jeweils ihre Gasse. In der *Didžioji Vandens* (Große Wasserstraße) spannt das *Kleinlitauen-Museum (Mažosios Lietuvos Istorios Muziejus | Di–Sa 10–18 Uhr | D. van-*

NO LITHENGLISH, PLEASE!

Litauen hat eine zehnköpfige Sprachinspektion eingerichtet, die Gesetzesbrecher mit zu loser Zunge verfolgt. Das heimische Sprachgesetz nämlich sieht vor, dass das Litauische nicht nur fehlerfrei, sondern auch ohne Anglizismen und andere Fremdwörter benutzt werden muss. E-Mail etwa hat *Elektroninis paštas* zu heißen. Die Inspektoren verhängen Strafen von bis zu 1500 Litas

gegen Redakteure oder Moderatoren, die zu viele Fehler machen. Schließlich ist Litauisch eine alte und kleine Sprache, die besonders gehegt sein will. Nur: Im Alltag darf auch in Litauen jeder reden, wie ihm der Schnabel gewachsen ist und die Inspektoren sind machtlos gegen Anglizismen wie *Biznismenis* (Geschäftsmann) oder *Surprizas* (Überraschung).

dens 6 | www.mlimuziejus.lt) eine weite Brücke über die ostpreußisch-litauische Kulturgeschichte, auch das kleine, aber originelle Schmiedemuseum *(Kalvystės muzeijus | Di–Sa 10–18 Uhr | Šaltkalvių 2)* ist einen Besuch wert. Das Eckhaus *Tiltų/ Kepėjų,* die im Jahr 1677 gegründete *Grüne Apotheke,* ist Klaipėdas ältestes Gebäude.

THEATERPLATZ (TEATRO AIKŠTĖ)

Er ist der zentrale Platz der Altstadt. Seinen Mittelpunkt bildet der *Simon-Dach-Brunnen* mit einer Ännchen-von-Tharau-Figur *(Taravos Anikė),* der Darstellung jener Frauengestalt, die der memelländische Dichter Simon Dach in dem gleichnamigen bekannten Lied verliebt besungen hat.

Wo das Ännchen über allem steht: Simon-Dach-Brunnen auf dem Theaterplatz von Klaipėda

LINDENSTRASSE (LIEPŲ GATVĖ)

Hinter der Börsenbrücke am nördlichen Ufer der Dane zweigt die schönste Straße der 1770 angelegten Neustadt ab, sie hat viel von ihrem Vorkriegscharme bewahrt. Wahrzeichen ist das neogotische *Hauptpostamt* (1893), das Carillon im Glockenturm erklingt an Wochenenden zu Mittag mit der berühmten Melodie des „Ännchen von Tharau". Nebenan im *Uhrenmuseum (Laikrodžiu muziejus | Di–So 12–18 Uhr | Liepų 12r | www.muziejus. cjb.net)* sind Zeitmesser von der Sanduhr bis zum Atomchronometer zu sehen.

ESSEN & TRINKEN

ANIKĖS TEATRAS

Schon seiner netten Lage am Theaterplatz wegen ist „Ännchens Theater" die Einkehr wert. Im Sommer sitzen Sie am schönsten draußen unter den Sonnenschirmen, abends dann im recht theatralisch dekorierten Saal. Die Küche gibt sich international. Zu dem Anikės-Trio gehören auch noch ein chinesisches Restaurant nebenan und ein Weinlokal. *Sukilėlijų 6 | Tel. 46 31 44 71 | www. anikecafe.lt | €€*

BAMBOLA

Die Pizzeria ist eine Institution in Klaipėda, lecker und unschlagbar günstig. *H. Manto 1 | Tel. 46 31 22 13 | €*

MERIDIANAS

Der alte Dreimaster am Danė-Ufer nahe der Börsenbrücke *(Birzos Tiltas)* wurde von der örtlichen Svyturys-Brauerei in eine originelle Kneipe umgebaut. Man isst hier auch ganz gut. *Danė-Kai | Tel. 46 31 06 01 | €*

SENOJI HANSA

Beliebtes Café-Restaurant am Theaterplatz mit einer überdachten Terrasse eingangs der *Kurpiu gatve.* Aufgetischt wird Ihnen hier traditionell Litauisches. *Kurpių 1 | Tel. 46 40 00 56 | €€*

EINKAUFEN

Klaipėdas Haupteinkaufsstraßen sind die *H. Manto* und die *Tiltu.* Hier finden Sie interessante Läden wie z. B. das Shoppingcenter *Klapedos Pasazas (Tiltų 26),* in dem junge litauische und internationale Modelabels angeboten werden. Kunsthandwerk und Bernstein gibt's v. a. in der Altstadt und bei den Straßenhändlern am Theaterplatz. Stadtpläne und gute Landkarten hat der Buchladen *Akademija (Daukanto 16).*

BALTIJOS GINTARAS

Bernsteinschmuck in großer Auswahl, direkt an der Börsenbrücke. *Zveju 1 | www.baltic-amber.de*

DOVANŲ RŪMAI

Bernsteinschmuckgeschäft direkt am Theaterplatz. *Turgaus 2*

INSIDER TIPP GALERIJA PĖDA

Stilvolle Schmuckarbeiten des litauischen Künstlers Vytautas Karčiauskas, die ihren Preis haben. Am Wochenende untermalt Klaviermusik Shoppen und Schauen. *Tgl. 10–19 Uhr | Turgaus 10*

AM ABEND

INSIDER TIPP KURPIAI

Bester Jazzclub der Stadt. Ab 21 Uhr Konzerte. Früh kommen, um noch einen Sitzplatz zu ergattern. *Tgl. 12–3 Uhr | Kurpių 1A | Tel. 46 41 05 55 | www.jazz.lt*

ÜBERNACHTEN

EUROPA ROYALE

Dieses elegante, sehr stilvolle 4-Sterne-Hotel liegt direkt am Theaterplatz. *50 Zi. | Teatro 1 | Tel. 46 40 44 44 | www.europaroyale.com | €€€*

EUTERPĖ

Hier logieren Sie in moderner Business-Hotellerie – komfortabel und minimalistisch. Am südlichen Rand der Altstadt. *23 Zi. | Darzu 9 | Tel. 46 47 47 03 | www.euterpe.lt | €€€*

LITINTERP

Die beste Adresse für alle, die gute und günstige B & B in Klaipėda, Palanga und auf der Nehrung suchen. Die Agentur betreibt in der Altstadt selbst ein Gästehaus *(€)* und buchen kann man bei Litinterp auch Mietwagen und Dolmetscher. *Puodzio 17 | Tel. 46 41 06 44 | www.litinterp.lt*

INSIDER TIPP OLD PORT

Rings um den Kastell-(Yacht)hafen ist ein hübsches kleines Ensemble aus neuen und restaurierten Fachwerkhäusern entstanden, in zwei von ihnen residiert dieses komfortable neue Hotel. Einige der ☼ Zimmer mit Blick auf Schiffe und Nehrung. *15 Zi. | Žvejų 20 | Tel. 46 47 47 64 | www.oldporthotel.lt | €€€*

INSIDER TIPP ▶ **PRELIUDIJA**

Mitten in der Altstadt versteckt sich diese kleine Pension. Sechs schöne Zimmer und freundlicher Service hinter der Fassade eines denkmalgeschützten Hauses. *Kepeju 7 | Tel. 46 31 00 77 | www. preliudija.com | €€*

AUSKUNFT

Turgaus 5–7 | Tel. 46 412186 | www. klaipedainfo.lt

ZIEL IN DER UMGEBUNG

BERG DER KREUZE (KRYŽIŲ KALNAS)
⭐ ● (139 E2) (*M E12*)

Ein Hügel übersät mit Kreuzen erhebt sich mitten in unbewohnter Umgebung. Seit der Zarenzeit stecken Pilger hier Kreuze in den Boden, hinterlassen kleine Jesusfiguren oder auch papierene Botschaften – niemand kann zählen, wie viele christliche Symbole hier angebracht wurden. Wenn Sie auch ein Kreuz hinterlassen wollen: Am Parkplatz werden welche verkauft. *Ca. 170 km von Klaipėda. Fahren Sie auf der A11 nach Šiauliai. Dann auf der A12 in Richtung Rīga, dem Wegweiser Kryžių kalnas folgen.*

KURISCHE NEHRUNG (KURŠIŲ NERIJA)

(138 A3–4) (*M B13–14*) ⭐ ● **Bis zu 70 m hoch aufragende Wanderdünen, malerische Fischerdörfer, Kiefernwälder und nicht enden wollender Strand: Die Kurische Nehrung zählt zweifellos zu den eigenartigsten und schönsten Küstenlandschaften Europas.**

Das fand schon Wilhelm von Humboldt: Man müsse sie gesehen haben, solle einem nicht ein wunderbares Bild in der

Wallfahrtsort seit 600 Jahren: Inzwischen sieht man den Berg vor lauter Kreuzen nicht mehr

Seele fehlen, schwärmte er 1809. Thomas Mann ließ sich hier ein Sommerhaus bauen, Impressionisten wie Lovis Corinth malten gegen ihren Zivilisationsmüdigkeit an. Fast 100 km lang und an der schmalsten Stelle nur 350 m breit, trennt die säbelförmig geschwungene Landzunge die Ostsee vom Kurischen Haff, einer Süßwasserlagune dreimal so groß wie der Bodensee. Die Kurische Nehrung ist heute geteiltes Land. Ihr Norden gehört zu Litauen, die südliche Hälfte zur russischen Exklave Kaliningrad (Königsberg). Beide Seiten haben die Nehrung zum Nationalpark erklärt, die Unesco nahm sie 2001 in das Weltnaturerbe auf. Beachten Sie die strengen Schutzgebote! Am Nationalparkeingang bei Alksnynė müssen Autofahrer eine Umweltgebühr *(25 Lt.)* entrichten. Von Klaipėda setzen Fähren zur Nehrung über. In den Kosten für die Passage *(Auto 45 Lt.)* ist die Rückfahrt jeweils inbegriffen. Fährplan: *www. keltas.lt*

Die Nehrung lebt heute fast ausschließlich vom Tourismus. Übernachtungsangebote gibt es vom einfachen B & B bis zur komfortablen Ferienwohnung, rechtzeitige Buchung ist aber in der Hauptsaison sehr ratsam.

SEHENSWERTES

BERNSTEINMUSEUM UND GALERIE (GINTARO MUZIEJUS) ●

Kazimieras Mizgiris und seiner Frau fallen täglich neue Dinge ein, die man aus Bernstein machen kann. *Sept.–Mai tgl. 10–19, Juni–Aug. 9–21 Uhr | Pamario 20 | Nida | Tel. 469 5 27 12 | www. ambergallery.lt*

GROSSE DÜNE (PARNIDŽIO KOPA) ☼

Die schneeweißen Ausläufer der Düne, der höchsten Wanderdüne Europas, sieht man bereits von Nida aus. Klettern Sie

auf keinen Fall die Sandwände hinauf. Das ist aus Naturschutzgründen verboten. *Befestigte Wege ab Nida. Anfahrt PKW: Die letzte der drei Zubringerstraßen von der Nehrungs-Fernstraße nach Nida-Ort vor der russischen Grenze nehmen. Von ihr geht eine Straße zu den Dünen (kopos) hin ab.*

THOMAS-MANN-HAUS (TOMA MANNO NAMAI)

An der Küste bei Nida gönnte sich der Literaturnobelpreisträger ein Sommerhaus. Die kleine Ausstellung zeigt einige Fotos und Schriftstücke des Literaten, außerdem werden hier Tagungen und im Sommer das Thomas-Mann-Festival veranstaltet. *Di–So 10–18 Uhr | zu Fuß über die Pamario-Straße (Wegweiser) | Skruzdynés 17 | Tel. 469 5 22 60 | www. mann.lt*

ESSEN & TRINKEN

EŠERINE ☼

Der ziemlich eigentümliche hölzerne Rundbau am Ende der Promenade will irgendwie nicht so recht in das niddenblaue Nehrungsidyll passen, doch man isst hier gut und das mit herrlichem Blick auf Haff und Düne. *Naglių 2 | Nida | Tel. 469 5 27 57 | €€€*

KAVINĖ PASIURE

Das kleine Café-Restaurant mit der schilfdachgesäumten Terrasse mitten im Ort ist bekannt für seine traditionelle heimische Küche. *Naglių 20 | Nida | neben dem Busbahnhof | Tel. 689 4 15 38 | €€*

INSIDER TIPP SENA SODYBA ☼

Tik pas Jona – „nur bei Jonas" gibt es so herrlichen Fisch. Lokal im üppigen Garten eines Altniddener Fischerhauses mit herrlichem Haffblick. *Naglių 6 | Nida | Tel. 469 5 27 82 | €€*

KURISCHE NEHRUNG (KURŠIŲ NERIJA)

FREIZEIT & SPORT

Vom Hafen legen im Sommer jeden Tag Ausflugsschiffe zu Fahrten auf dem Haff und hinüber zum Memeldelta ab. ● **INSIDER TIPP** Heuern Sie auf einem Kurenkahn an. Die schweren Segler aus Eichenholz, an der altertümlichen Takelung zu erkennen, sind Kopien jener Fischerboote, von denen es vor dem Krieg auf der Nehrung über hundert gab. Heute sind die (drei) *Kurėnas* mit den rotbraunen

hinüber zur Seeseite. *Sandstrand an der gesamten Westküste der Nehrung | mehrere Stichstraßen zweigen ab von der Fernstraße | Zubringerbus am Hafen Nida*

ÜBERNACHTEN

INKARO KAIMAS
Kleine Privatpension im historischen Fischerhaus direkt am Haff, sehr beliebt. *6 Zi. | Naglių 26-1 | Nida | Tel. 469 5 21 23 | www.inkarokaimas.lt | €€*

Machen Sie es wie die Kuren und lassen Sie sich von Nida aus aufs Haff hinaussegeln

Segeln, Seitenschwertern und den Kurenwimpeln am Mast wieder Wahrzeichen von Nida *(Buchung Tel. 469 5 23 51)*. Boots- und Fahrradverleih etwas weiter Richtung Düne: *Lotmiškio 2 | Tel. 469 5 28 28;* in Preila: *Preilos 39 | Tel. 469 5 23 28*

STRAND

Litauische Touristen gehen am liebsten zu Fuß durch den bewaldeten Landstrich

NIDOS PUŠINAS I UND II
Vier herrlich große, saubere Zimmer teils mit Blick auf das Haff; leider etwas hellhörig. Es werden auch winzige Schlafkojen für Minimalisten angeboten *(5 Euro/ Person). Purvynės 3 | Nida | Tel. 469 5 92 21 | www.smilte.lt | €–€€€*

VILA BANGA
Das rotweißblaue Holzhaus sieht aus wie aus dem Nehrungsbilderbuch. Unterm

Schilfdach gibt's sieben gemütliche Zimmer. *Pamario 2 | Nida | Tel. 686 0 87 03 | www.nidosbanga.lt | €€*

Taikos 4 | Nida | Tel. 469 5 23 45 | www. visitneringa.com

PALANGA

(138 A2) *(🗺 B12)* **Der litauische Kur- und Badeort (20 000 Ew.) war seinerzeit in der ganzen Sowjetunion bekannt.** Heute noch reisen viele Russen und Letten im Sommer ins einstige Polangen, neuerdings auch immer mehr Deutsche. Doch vor allem die Litauer selbst machen hier Urlaub in der kurzen litauischen Badesaison. Im Juli und August ist in den Hotels, Diskotheken und Bars sehr viel los. Palangas Lebensachse ist die *Basanavičiaus gatvė*, deren meerseitiges Ende als 600 m langer Pier hinaus ins Meer ragt.

SEHENSWERTES

BERNSTEINMUSEUM (GINTARO MUZIEJUS)
4500 Bernsteinexponate, viele mit eingeschlossenen Insekten. Das Museum ist untergebracht im Anwesen des litauischen Grafen Tiškevičius, auf dessen Sammlung die Ausstellung basiert. Im Park liegt der *Birute-Hügel*, eine heidnische Kultstätte, er gilt als Geheimtipp für Liebespaare. *Juni–Aug. Mo–Sa 10–20, So 10–19, Sept.–Mai Di–Sa 11–17, So 11–16 Uhr | Vytauto 17 | www.pgm.lt*

ESSEN & TRINKEN

ELNIO RAGAS
Das etwas gewöhnungsbedürftig eingerichtete Lokal serviert neben Wildge- richten vor allem kaukasisch Heißes vom Grill. Wer Abwechslung von Cepelinai & Co. sucht, sollte hier die scharfen armenischen Lammschaschliks probieren, dazu wird das traditionelle Fladenbrot *Lawasch* gereicht. Im Sommer ziemlich laut, da an der Touristenmeile Basanaviciaus gelegen und mit TV-Dauerbetrieb. Etwas ruhiger sitzt es sich im Wintergarten. Zum Haus gehören auch 6 einfache Gästezimmer. *Basanavičiaus 25 | Tel. 460 5 35 05 | €€€*

FELIKSAS
Herzhafte, gute Küche gibt es im Restaurant des Hotels *Tauras*. Auch Frühstück ab 7 Uhr. *Vytauto 116 | Tel. 460 4 84 21 | www. feliksas.lt | €€*

VILA RAMYBĖ
Zu entspannender Musik wird in diesem Restaurant gutes Essen serviert. *Ramybė* heißt nämlich Ruhe, und die ist ein recht kostbares Gut im quirligen Palanga. *Vytauto 54 | Tel. 460 5 41 24 | €€*

ŽUVINĖ
Palangas derzeit gewiss bestes Fischrestaurant, aus der überwiegend mäßigen kulinarischen Masse der Touristenmeile herausragend. *Basanavičiaus 37 a | Tel. 460 4 80 70 | €€*

FREIZEIT & SPORT

FAHRRADVERLEIH BALTOJI ŽUVĖDRA
In Palanga gibt es etliche Stationen, z. B. in der *Dariaus ir Girnėnio 1, Vytauto 116* oder *Smilčių 11*

WASSERSPORT-GERÄTE
Verleih von Surfboards, Tretbooten und Jetskis am Strand in der Nähe der Seebrücke *(Tel. 460 5 38 34)* und an der Seenotrettungsstation *(Žvejų 2)*. 6 km nördl. von Palanga gibt's am Strand eine gute *Windsurfbasis (Tel. mobil 285 118 95)*.

STRAND

Der Strand von Palanga ist herrlich breit und feinsandig, allerdings im Sommer zu beiden Seiten der rund 470 m langen Seebrücke oft überfüllt. Doch auf den 24 km zwischen Nimerseta und Sventoji ist es nicht schwer, ruhige Abschnitte zu finden. FKK-Anhänger achten bitte un- und angeschlossenem Kasino. *So–Do 10–2, Fr/Sa 10–5 Uhr | Nèries 39 | www.fortas.eu*

INSIDER TIPP ▶ VANDENIS CLUB

Eine der angesagtesten Musikbars Palangas, oft Livebands, lockere Stimmung. *Mai–Okt. tgl. | Birutes 47, am Botanischen Park | www.vandenis.lt*

Langer Strand, flaches Meer: Palanga ist der größte Badeort Litauens

bedingt auf die Schilder, Nacktbaden ist in Litauen nicht verbreitet, da herrschen immer noch strenge Sitten.

AM ABEND

An jedem Sommerabend verwandelt sich die *Basanavičiaus*-Straße in eine einzige Musik- und Kneipenmeile. Wer gern drei Bands gleichzeitig hört, ist hier richtig: So geht eben Party in Palanga.

FORTAS

Ein wahrer Hotspot der sommerlichen Diskonächte von Palanga. Tanzen bis zum Morgen, mit Restaurant, Bar

ÜBERNACHTEN

MAMA ROSA

Das kleine Hotel, etwas abseits der Touristenmeile gelegen, zählt sich seit jeher zu den exklusiveren Urlaubsadressen in Palanga. Das villenartige Haus bietet acht Zimmer, elegant eingerichtet und ein bisschen vom viktorinanischen Stil geprägt, für die Gäste gibt's außerdem einen Saunakomplex mit Jacuzzi und türkischem Dampfbad. Das Restaurant, Küche mit leicht spanisch-mediterranem Einschlag, zählt zu den besten des Ortes. *8 Zi. | Jüratès 28 A | Tel. 460 4 85 81 | www.mamarosa.lt | €€€*

PALANGA

In dem schicken neuen Kurhotel bleibt kein Wunsch offen: 5-Sterne-Luxus mit allem Drum und Dran von Pool bis Spa. *46 Zi. | Birutes 60 | Tel. 460 4 14 14 | www. palangahotel.lt | €€€*

PALANGOS VETRA ●

Das neue, komfortable 3-Sterne-Hotel liegt in einer ruhigen Nebenstraße am Park. Das Haus bietet seinen Gästen auch einen Pool. Günstige Wochenendangebote. *31 Zi. | S. Daukanto 35 | Tel. 460 5 30 32 | www.vetra.lt | €€*

PUŠŲ PAUNKSNĖJE

Gemütliche, mit Holz ausgekleidete Apartments mit Klimaanlage, Kamin und kleiner Küche. *14 Zi. | Darius ir Girnénio 25 | Tel. 460 4 90 80 | www. pusupaunksneje.lt | €€€*

AUSKUNFT

Beim Busbahnhof | Kretingos 1 | Tel. 460 4 88 22 | www.palanga.lt

ZIELE IN DER UMGEBUNG

KRETINGA (138 A2) (∅ B12)

Der Ort (10 km von Palanga) birgt ein botanisches Kleinod: das wieder aufgebaute **INSIDER TIPP** ▶ tropische Gewächshaus, das der litauische Graf Tiškevičius einst hegte und pflegte. Im Gewächshaus, im tropischen Klima, können Sie im *Pas Grafč* angenehm speisen oder einen Kaffee trinken. Ein Heimatmuseum gehört auch noch dazu. *Di–So 12–23 Uhr | Vilniaus 20 | Tel. 445 5 13 66 | www.kretinga.lt*

ŽEMAITIJA-NATIONALPARK

(138 B2) (∅ C12)

Ein 220 km² großes Stück malerisches Baltikum aus Wäldern und eiszeitlichen Hügelketten, 65 Flüssen, 27 glasklaren

Seen: Das ist Litauens jüngster Nationalpark (60 km östlich von Palanga), ein Paradies für Naturfans, Kanuten und Wanderer. Mehrere Ferienzentren und die Dörfer bieten einfache, ordentliche Übernachtungsmöglichkeiten. Zentrum des Parks ist *Plateliai,* dort befindet sich auch die Touristeninformation *(Didžioji 8 | Tel. 448 4 92 31 | www.zemaitijosnp.lt).* Bei *Plokštinė* hat man einen ehemaligen Atomraketenbunker in ein *Museum (Mai–Sept. Di–So 9–17 Uhr)* verwandelt. Bis 1987 steckten in den 30 m tiefen Schächten sowjetische Interkontinentalraketen.

VILNIUS

⬚ KARTE IM HINTEREN UMSCHLAG

(143 E–F4) (∅ H15–16) „Rom des Nordens" heißt Vilnius auch, und das kommt nicht von ungefähr: Rauschender Barock prägt die Architektur der litauischen Hauptstadt (600 000 Ew.).

In Osteuropas größter Altstadt drängen sich prachtvoll restaurierte Bürger- und

🏙 WOHIN ZUERST?

Kathedralenplatz: Vilnius' beliebtester Treffpunkt bietet sich als Start für den Stadtbummel an. Autofahrer orientieren sich am besten am *Gediminos Prospektas* – der läuft in östliche Richtung gerade auf den Platz zu, der Glockenturm ist nicht zu übersehen. Gebührenpflichtige Parkplätze gibt's z.B. längs der *B. Radvilaitės gatvé* südöstlich des Platzes, Parkhäuser am *Gediminas-Prospekt 9 a* und in der *Tilto gatve 14.* Vom Hauptbahnhof fahren viele Buslinien *(z. B. 10, 11, 33)* am Kathedralenplatz vorbei, Haltestelle *Arkikatedra.*

Kaufmannshäuser und nicht weniger als 42 Kirchen umeinander. Besucher fühlen sich wie in einem großen Freilichtmuseum, alles scheint hier Geschichte zu atmen: die einstigen Klöster mit ihren verwinkelten Innenhöfen, die Universität, älteste des Baltikums und eine Stadt in der Stadt, der gotische Großfürstenpalast am Kathedralenplatz, wiederaufgebaut zur 1000-Jahr-Feier Litauens. Zugleich wachsen Hochhäuser aus Glas und Stahl in die Skyline des einstigen Wilna, etwa

he Metropole 2009 zur „Kulturhauptstadt Europas" gekürt wurde. Das Jahr hat der Stadt viele neue Bewunderer gebracht.

SEHENSWERTES

BURGBERG (GEDIMINO KALNAS)

Den Aufstieg lohnt schon allein der Blick, der sich von dem 140 m hohen Hügel und noch besser vom wuchtigen achteckigen *Gediminas-Turm (Gedimino bokštas)* auf die Altstadt bietet. Drinnen erinnert ein

Prachtboulevard Gediminos Prospektas: Elegante Fassaden, schicke Cafés, trendbewusste Flaneure

der futuristische, fast 130 m hohe *Europos-Turm,* Wahrzeichen einer neuen Zeit. Vilnius, als Vielvölkerstadt gewachsen, war schon immer ein Schmelztiegel der Kulturen. Allein die reiche jüdische Geschichte füllt eine Bibliothek: Für die osteuropäischen Juden war *Vilne* jahrhundertelang ein geistiges Zentrum, ein „Jerusalem des Ostens". Toleranz prägte den Geist dieser Stadt, und das heutige Vilnius bemüht sich, daran anzuknüpfen. Da wundert es nicht, dass die lebensfro-

Museum (Di–So 11–17 Uhr | Arsenalo 5 | www.lnm.lt) an die Obere Burg, die hier einst thronte – gegründet 1323 von Großfürst Gediminas, er machte Litauen mächtig und Vilnius zur Hauptstadt. Vom Hof des *Alten Arsenals (Arsenalo 3)* aus fährt auch eine kleine **INSIDER TIPP** Seilbahn zum Burgberg hinauf.

GEDIMINOS PROSPEKTAS

Schnurgerade führt die belebte Magistrale des modernen Business-Vilnius vom

Kathedralenplatz fast 2 km bis zum *Parlament (Seimas)* am *Nepriklausomybės aikštė,* dem *Unabhängigkeitsplatz,* wo noch Reste der Barrikaden an den Freiheitskampf von 1991 erinnern. Das ist längst Geschichte, der Gediminas-Prospekt hat sich in einen westlich eleganten Prachtboulevard verwandelt, Laufsteg der Schönen, Mächtigen und besser betuchten Nachtschwärmer. Unterwegs kommen Sie am *Schauspielhaus* mit der ausdrucksstarken Skulptur „Fest der drei Musen" vorbei und überqueren die Vilniaus am *Savivaldybės aikštė,* dem wohl belebtesten Platz der Innenstadt mit dem neuen Rathaus und dem Regierungspalast. Ein Stück weiter, hinter dem *Lukiškių aikštė* auf der anderen Seite der Neria, steht bereits der supermoderne Stahl-Glas-Bau des **INSIDER TIPP** künftigen Guggenheim-Museums, ein Gemeinschaftsprojekt mit der Petersburger Ermitage. Bei Redaktionsschluss stand die Eröffnung kurz bevor.

GOTISCHES ENSEMBLE (SV. ONOS IR BERNADINŲ BAŽNYČIA) ★

Mitten aus dem rauschenden Barock, der Vilnius prägt, leuchtet ziegelrot eine Perle der Backsteingotik: Die anmutige, aus 33 Ziegelarten erschaffene *Annakirche* sucht im Baltikum ihresgleichen. Gegen die filigran verspielte Symmetrie ihres Westgiebels wirkt die 1519 erbaute *Bernhardinerkirche* nebenan schlicht und schwer. Zusammen bilden die ungleichen Geschwister das berühmte Gotische Ensemble. *Maironio 8 | Annakirche | Mo–Sa 10–15, So 8–13 Uhr*
Ein drittes Gotteshaus steht gegenüber: die Renaissancekirche *St. Michael.* Wen litauische Baustile interessieren, der beherbergt das *Architekturmuseum (Mi–Mo 11–17 Uhr | Architekturos muziejus).*
Gleich hinter dem Gotischen Ensemble schmiegt sich der *Sereikiškės-Park* in die

Flussschleife der Vilnia. Die ehemaligen Klostergärten, älteste Parkanlage der Stadt, sind herrlich für eine Pause von der vielen Baukunst.

KATHEDRALENPLATZ (ARKIKATEDROS AIKŠTĖ)

Mit ihren schneeweißen dorischen Säulen und den Heiligenskulpturen auf dem Säulenportikus erinnert die erzbischöfliche Kathedrale *St. Stanislaus (Arkikatedra bazilika)* eher an einen griechischen Tempel, 1783 im Stil des Klassizismus gebaut. Innen birgt sie einen schönen Barockaltar und Gemälde, am berühmtesten aber ist die *Kasimir-Kapelle,* in der Litauens Nationalheiliger begraben liegt. Der 57 m hohe, freistehende Glockenturm erinnert im Sockel noch an die Untere Burg, Keimzelle von Vilnius. An dieser Stelle ließ König Mindaugas 1251 die erste Kirche Litauens bauen. Um sie herum wuchs die Burg. Das Herzstück dieser im 18. Jh. unter russischer Regentschaft geschleiften Anlage, der prachtvolle *Großfürstenpalast (Valdovu rumai),* wurde in acht Jahren Stein für Stein nach historischem Vorbild wieder aufgebaut und 2009, zum tausendjährigen Staatsjubiläum, fertig gestellt.

KGB-MUSEUM (GENOCIDO AUKŲ MUZIEJUS)

Die Zentrale des sowjetischen Geheimdiensts KGB ist heute ein Museum und wird auch „Museum für die Opfer des Völkermords" genannt. Englischsprachige Führungen. *Di–So 10–17 Uhr | Aukų 2 A, am Gediminas-Prospekt | Tel. 5 49 62 64 | www.genocid.lt*

PETER- UND PAULSKIRCHE (ŠV. PETRO IR POVILO BAŽNYČIA)

Fürsten, Bettler, Kinder, Greise, Tod und Teufel: 2000 Stuckfiguren schauen von Wänden, Bögen und Kuppel auf den

Betrachter herab. Und nicht ein Gesicht, nicht eine Pose, nicht ein einziges Motiv wiederholt sich! 20 Jahre brauchten die italienischen Meister für dieses schönste

Marienbildnis im Tor der Morgenröte

Werk des litauischen Hochbarock. *Tgl. 7–12 und 14–19 Uhr | Antakalnio 1*

INSIDER TIPP ▶ REPUBLIK UŽUPIS

Die Bewohner der Künstlerrepublik jenseits der fünf Vilnia-Brücken leben bewusst und reichlich satirisch einen Gegenentwurf zu Zeitgeist und Konsumwahn und riefen dafür 1997 in einem heruntergekommenen Viertel die Unabhängige *Res Publika Užupis* aus. Schutzpatron ist der verstorbene Rocksänger Frank Zappa, und weltweit haben die kreativ-idealistischen Užupianer mehr als 200 Botschafter, unter ihnen der Dalai Lama, der die Republik 2001 besuchte und zum Ehrenbürger ernannt wurde. In der Galeriekneipe *Užupio Kavinė* gleich hinter der Brücke – sie ist die offizielle Regierungssitz der Republik – erfahren Sie mehr über die Philosophie von Užupis, ihre schrägen Feiertage, karnevaleske Feste und eine Verfassung, die wahrhaftig zu denken gibt (mehr sei hier nicht verraten!). *Užupio 2 | Tel. 5 212 2138 | €€*

STAATLICHES JÜDISCHES MUSEUM (ŽYDŲ MUZIEJUS)

Sechs Jahrhunderte blühte das jüdische Leben in Vilne, dem „Jerusalem des Nordens". Vier Jahre brauchten die Nazis, diese Kultur auszulöschen. Die erschütternde Ausstellung in dem grünen Holzhaus bewahrt das Gedächtnis an die Litvak-Kultur und an Vilnius als Zentrum der jüdischen Aufklärung, zeigt Ghettoalltag und Holocaust und informiert über Neuanfänge wie die Restaurierung eines Teils des jüdischen Viertels. *Mo–Do 9–17 Uhr | Führungen auch auf Deutsch | Pamenkalnio 12 | www.jmuseum.lt*
Eine *Filiale des Museums* befindet sich im jüdischen Gemeindezentrum in der *Pylimo 4.* Unweit davon steht die INSIDER TIPP ▶ einzige erhaltene Synagoge (von einst 96!), gebaut 1894. Heute feiert die jüdische Gemeinde hier wieder Gottesdienste. *Pylimo 39 | www.litjews.org*

TOR DER MORGENRÖTE (AUŠROS VARTAI) ★

Das um 1520 erbaute Aušros-Tor ist das einzige noch erhaltene (von einst neun) in der alten Stadtmauer. Nebenan in der klassizistischen Torkapelle knien Tag für Tag Tausende Gläubige vor der Barmherzigen Muttergottes nieder und beten. Die in Gold, Silber und Edelsteine gefasste, von zahllosen Votivgaben gerahmte *Schwarze Madonna*, stammt angeblich von der Krim, gilt als wundertätig und ist ein Wallfahrtsort für Katholiken aus ganz Osteuropa.

Auf der *Aušros vartu* mit ihren schönen gotischen und barocken Bürgerhäusern führt der Weg vom Tor aus in die südliche Altstadt und am Basiliuskloster und der Philharmonie vorbei. Die prächtige byzantinische *Heiliggeistkirche (Šv. Dvasios cerkvé)* gleich zu Beginn rechts, heute Sitz des orthodoxen Erzbischofs von Vilnius, stammt aus einer Zeit, als in diesem Stadtteil vor allem russische Kaufleute lebten. Heute können Sie hier während der Gottesdienste entrückten Chorgesängen lauschen (tgl. ab 17 Uhr, Frauen sollten ein Kopftuch tragen!). *Links vor dem Tor liegt der Eingang, der zur Kapelle hinaufführt | Aušros vartu*

UNIVERSITÄT (UNIVERSITETAS)

Eine Stadt in der Stadt. Der palastartige Gebäudekomplex der „Alma Mater Vilnensis", 1579 aus einem Jesuitenkolleg hervorgegangen und älteste Hochschule des Baltikums, ist so oft erweitert worden, dass er zwölf (!) Innenhöfe umschließt. Besonders schön ist der *Große Hof* mit seinen Arkadengängen, gerahmt von der spätbarocken *Johanniskirche.* Ihr freistehender *Glockenturm* ist der höchste der Altstadt (68 m). Die einstige Universitätskirche ist heute *Wissenschaftsmuseum (Mo–Sa 10–17 Uhr).* Sehenswert sind die beiden prachtvoll ausgestalteten *Lesesäle* der Unibibliothek, deren Bestand aus 5 Mio. Bänden, 180 000 mittelalterlichen Handschriften und über tausend historischen Atlanten zu den wertvollsten Europas gehört. Um die Bibliothek zu besichtigen, melden Sie sich im *Littera*-Buchladen gleich vorn

im Bibliothekshof. Dort gibt es auch ein kostenloses Faltblatt über die Uni. *Mo–Sa 8–17 Uhr | Universiteto 3 | Tel. 5 2 68 72 98 | www.vu.lt*

ZENTRUM FÜR ZEITGENÖSSISCHE KUNST (ŠINULAIKINIO MENO CENTRAS)

Wechselnde Ausstellungen internationaler Künstler. Das größte Zentrum dieser Art im Baltikum. Das Café im Parterre ist ein **INSIDER TIPP** beliebter Treff der Kunstszene. *Di–So 11–19 Uhr | Vokiečiu 2 | www.cac.lt*

ESSEN & TRINKEN

AMATININKŲ UŽEIGA

In der urigen „Handwerkerschenke" kommt auf den Tisch, wonach die Kneipe aussieht: kräftige litauische Kost in großen Portionen. Am Wochenende oft Livemusik. *Didžioji 19 | Tel. 5 2 6 1 79 68 | €–€€*

AUKŠTAICIAI

Eines der beliebtesten Traditionsrestaurants in Vilnius. Altlitauische Küche vom Feinsten, riesige Terrasse längs der Straße und das Ganze mitten in der Altstadt. *Antokolskio 13 | Tel. 5 2 12 01 69 | €€*

CAFÉ DE PARIS

Leichte Croissants und Café au lait für alle, die von Cepelinai in Specksoße vorerst genug haben. Auch gutes Frühstück, französisches Flair. *Didžioji 1 | Tel. 5 2 61 10 21 | €€*

FRESKOS

Schon das Interieur dieses Restaurant ist sehenswert: Mit Kostümen und Requisiten im Stil eines Pariser Theaters eingerichtet. Das Freskos, im 350 Jahre alten historischen Rathaus residierend, behauptet seit Jahren gegen wachsende

Konkurrenz seinen Ruf, eines der besten, allerdings auch teuersten Speiselokale der Stadt zu sein. Europäische Küche. *Didžioji 31 | Tel. 5 2 61 81 33 | €€€*

MEDININKAI

Stilvoll unter ein gotisches Kellergewölbe komponiert, der Chefkoch versteht seinen Job. Das Restaurant in der südlichen Altstadt gehört zum Hotel Europa Royale. *Aušros vartų 8 | Tel. 5 2 66 07 71 | €€€*

SKONIS IR KVARPAS

Gewölbedecke, Kronleuchter, Art-déco-Interieur: Wer in diesem wundervollen Café erst Platz genommen hat, wird so schnell nicht wieder gehen. Große Auswahl an Tee und Kaffee, die Küche ist eher einfach. *Trakų 8 | Tel. 5 2 12 28 03 | €*

INSIDER TIPP **TORES** ☼

Das ausgefallenste Restaurant der Stadt thront hoch über der Vilnia im Künstlerviertel Užupis, dessen Bewohner hier gern einkehren. Der Blick von der Gartenterrasse über die Dächer der Altstadt ist ein Traum. Die Küche schwankt zwischen europäisch und litauisch, abends gibt's oft Livemusik dazu. *Užupio 40 | Tel. 6 2 62 93 09 | www.tores.lt | €€*

ŽEMAIČIU SMUKLĖ

Im „niederlitauischen Schatzkasten" werden gute, deftige litauische Speisen in rustikalen Kellerräumen serviert. Ein zweiter Zugang etwas weiter links führt in einen großen Hof mit weiteren Plätzen. *Vokiečių 24 | Tel. 5 2 61 65 73 | €€*

EINKAUFEN

Die Shoppingmeilen des modernen Vilnius sind der *Gemininas-Prospekt* (Modeläden, teure Boutiquen), die *Vilniaus* und die *Basanavičiaus* (24-Stunden-Blumenmarkt).

Moderne Einkaufspaläste unter Glas locken auch in Vilnius: *Europos Centras* heißt dieser hier

EINKAUFSZENTREN & MÄRKTE

Der Discounter *Iki* betreibt ein flächendeckendes Filialnetz. An der Spitze der litauischen Megamarktwirtschaft stehen Einkaufszentren amerikanischer Dimension, allem voran das *Akropolis (tgl. 8–24 Uhr | Ozo 25 | www.akropolis.lt)* mit Maxima-Markt und über hundert Läden, Kinos, Vergnügungspark und Eisbahn. Supermodern kleidet sich auch das *Europos Centras (tgl. 10–13 Uhr | Konstitutijos prosp. 7 | www.europa.lt)* mit internationalen Mainstream-Modelabels, diversen Boutiquen und guten Restaurants unter einem riesigen Glasdach. Das Gegenstück zu den trendigen Shoppingtempeln ist der *Turgus* – der Wochenmarkt. Hier kauft und verkauft das einfache Volk, z. B. in der großen Markthalle *(Di–Do 7–17 Uhr | Halės turgus | Pylimo 58)* nahe dem *Aušros-Tor.* Sehr lebendig geht's zwischen Lebensmitteln, Blumen und Trödelkram auch auf dem *Kalvarija-Markt (Kalvarijų turgus | Di–Sa 9–17 Uhr | Kalvarijų 61)* zu.

SOUVENIRS, KUNSTHANDWERK & MEHR

Am besten in der südlichen Altstadt, z. B. bei *Sauluva (Mykolo 4, Literatu 3 | www.sauluva.lt)* oder auf dem großen *Souvenirmarkt (Keramik, Bilder, Geschnitztes, Gewebtes usw. | tgl. 9–19 Uhr | Pilies 22),* eine Institution in Vilnius' Altstadt. Schöne *Kunsthandwerksläden* (Leinen, Bernstein) gibt's auch in der *Aušros vartų* (9, 12, 13, 21) und *Didžioji* (5, 6, 10). Wer gern nach Antiquitäten sucht, findet in der *Dominikonų* interessante Läden, z. B. *Senasis Kuparas (Di–Sa 9–18 | Nr. 14).* Eine Versuchung wert sind die selbstgemachten erlesenen Naschereien im *Schokoladen-Haus (Šokolado namai | Gedimino 46 | www.chocolade.lt).* Ausgefallenes, noch nicht so touristisch verkitschtes Kunsthandwerk gibt's im Užupis-Viertel.

AM ABEND

BRODVĖJUS

Am Wochenende ist die Kneipe Schauplatz riesiger Studentenpartys. *Mi–Sa 12–5, So/Mo 12–2, Di 12–4 Uhr | Mėsinių 4 | www.brodvejus.lt*

GELEŽINIS VILKAS

Club mit Kultcharakter. Den Laden zieren eine Sammlung von Leninbildern, jede Menge Sowjetretrokrempel und Diktatorenspott von den Speisekarte bis zum Toilettenpapier. Tagsüber Restaurant mit guter russischer Küche. *Lukiškų 3 | Tel. 5 2 12 47 51*

NATIONALE PHILHARMONIE (NATIONALINĖ FILHARMONIJA)

Hier spielt eines der bedeutendsten Orchester des Landes. Weiterhin treten Jazzmusiker und Gospelchöre auf. Auch Ballettaufführungen. *Aušros vartų 5 | Kartenvorverkauf Di–Sa 11–19, So 11–13 Uhr | Tel. 5 2 66 52 16 | www.filharmonija.lt*

ULTRA IMPERIALE

Einer der Disko-Hotspots in Vilnius, riesige Tanzfabrik mit mehreren Ebenen. *Do–Sa 20–6 Uhr | Goštauto 12*

ÜBERNACHTEN

CENTRO KUBAS

Das folkloristische Interieur ist gewöhnungsbedürftig, aber wer nichts gegen Kitsch hat: riesige Zimmer, z. T. herrlich über den Dächern des alten jüdischen Gässchenviertels gelegen. *29 Zi. | Stiklių 3 | Tel. 5 2 66 08 60 | www.centrokubas.lt | €€€*

CITY PARK

Sehr modern und minimalistisch eingerichtetes Hotel in kleiner Seitenstraße nahe dem Kathedralenplatz. Preise verhandelbar. *32 Zi. | Stuokos-Gucevičiaus 3 | Tel. 5 2 10 74 63 | www.citypark.lt | €€€*

DOMUS MARIA

Das restaurierte und zum Gästehaus umgebaute einstige Karmeliterinnen-Kloster bietet schlichte, aber saubere und vergleichsweise günstige Zimmer in bester Altstadtlage direkt am Aušros-Tor. *39 Zi. | Aušros vartų 12 | Tel. 5 2 64 48 80 | www.domusmaria.lt | €€*

IDABASAR

Deutsch-litauisches Gemeinschaftsunternehmen: Restaurant mit Gästezimmern der gehobenen Kategorie. *7 Zi. | Subačiaus 1–3 | Tel. 5 2 62 29 09 | €€€*

INSIDER TIPP ▶ **UŽUPIO VIEŠBUTIS**

In diesem Hotel im Künstlerviertel Užupis kann man sich seine Unterkunft selbst zusammensetzen: etwa Gemeinschaftsdusche und -schlafraum oder Einzelplatz mit allem Drum und Dran. Entsprechend variabel ist auch der Preis (ca. 8–50 Euro).

Variable Zimmerzahl | Paupio 31A | Tel. 5 2 64 31 13 | €

ZIELE IN DER UMGEBUNG

AUKŠTAITIJA-NATIONALPARK (NACIONALINIS PARKAS AUKŠTAITIJA)

★ *(140–141 C–D4) (Ø J13–14)*

Der Nationalpark in Oberlitauen (100 km nordöstlich von Vilnius) ist einer der einsamsten, schönsten und romantischsten. Litauer schätzen die Abgeschiedenheit des seen- und waldreichen Gebiets ganz am Rand der EU. Auf 300 km² ist der Park von Wander- und Radwegen durchzogen. Mit Booten erkunden Sie Wasserläufe und Seen, vielerorts gibt es Badestellen. Die zentrale Touristeninformation *(www.anp.lt)* liegt in Palūšė. Das Zentrum *(Tel. 29 4 74 30 | anp@is.lt)* vermietet auch Sommerhäuser und Zimmer *(€)*, organisiert Touren und hält Infos rund um das Thema Wassersport bereit. *Tgl. fahren sieben Züge ab Vilnius, Fahrzeit 2 Std. bis Ignalina, dann Taxi zum Örtchen Palūšė*

Schön abgeschieden wandern Sie im wald- und seenreichen Aukštaitija-Nationalpark

DRUSKININKAI (142 C6) (*⋔ F17*)

Die Waldstadt (18 000 Ew.) am Nemunas im südlichen Zipfel Litauens gleicht einem großen Park mit Sanatorien, alten und vielen neu(reich)en Villen, mehreren Seen und einer Luft wie aus Samt. Das mildwürzige Klima und seine Mineralwasserquellen machen Druskininkai (*Druska* bedeutet Salz) seit über 200 Jahren zum bedeutendsten Kurbad des Baltikums. Wer das „litauische Karlsbad" besucht, will sich erholen – oder gesund werden. So war es schon 1794, als der polnische König Druskininkai per Dekret zur Heilstätte erhob. Heute fallen hier vor allem an den Wochenenden die erschöpften jungen Menschen der Business-Society aus Vilnius ein, um vom Stress des Jobs zu entspannen.

Im Behandlungszentrum ● *Gydykla (Vilniaus al. 11 | Tel. 313 6 05 08 | www.gydykla.lt)* des *Druskininkai Spa Hotel* am Kurpark gibt's Moor- und Kräuterbäder, Mineralwasserschwimmen und therapeutische Massagen auch als günstiges Tagespaket. Übernachten: nobel im *Europa Royale (101 Zi. | Vilniaus al. 7 | Tel. 313 4 22 21 | www.europaroyale.com | €€€)* oder einfach, aber komfortabel im *Gästehaus Galia (23 Zi. | Maironio 3 | Tel. 313 6 05 10 | www.galia.lt | €–€€).*

Im Rang einer nationalen Berühmtheit steht der *Grūtas-Park* 5 km östl. von Druskininkai. Mitten im Wald haben hier auf einem 20 ha großen Gelände die gestürzten Götzen der Sowjetära Asyl gefunden: Marx, Stalin, KGB-Gründer Dserschinski, allerhand litauische Kommunistenköpfe und viele viele Lenins. Ein Viehwaggon, Gulagwachtürme und Stacheldraht verbreiten makabre Lagerstimmung. Schöpfer dieser Mahnstätte für die Opfer der Sowjetrepressionen ist der Pilzzucht-Millionär Viliumas Malinauskas, dessen Vater in einem sibirischen Straflager umkam. *Grūto Parkas | tgl. 9–17, im Sommer 9–20 Uhr | www.grutoparkas.lt*

TRAKAI ⭐ (143 E4) (*⋔ G16*)

Das Städtchen (6200 Ew.) war einst Hauptstadt des litauischen Reiches. Malerisch gelegen, umgeben von vier miteinander verbundenen Seen, ist es heute ein sehr beliebtes Ausflugsziel (30 km ab Vilnius), vor allem bei Seglern und geschichtlich Interessierten. Die große gotische *Inselburg (Di–So 10–18 Uhr)* ist besonders sehenswert. Auskunft: *Vytauto 69 | Tel. 528 5 19 34 | www.trakai.lt;* Übernachten: *Trakai Sport Hotel | einfache Zimmer | Karaimų 73 | Tel. 528 5 55 01 | €–€€;* *Akmeninė*, versteckt zwischen Galvės- und Akmenos-See, romantisch-einsam und erholsam, *Tel. 698 3 05 44 | €€.* In der Gegend leben noch einige Karaiter (Karaäer), Nachfahren einer strenggläubigen altjüdischen Sekte. *Karaiter-Museum Mi–So 10–18 Uhr | Karaimų 22;* Karaitische Spezialitäten können Sie hier versuchen: *Kybynlar | Karaimų 29 | €*

AUSFLÜGE & TOUREN

Die Touren sind im Reiseatlas, in der Faltkarte und auf dem hinteren Umschlag grün markiert

1 AUF DEM BERNSTEIN-RADWEG IN LITAUEN ☺

Eine der schönsten Fahrradrouten des Baltikums führt vom litauischen Badeort Palanga nach Nida auf der Kurischen Nehrung – immer den Spuren des Ostseegolds nach. Die 90 km lange Tour ist in zwei (sportlich) bis drei (bequem) Tagen gut zu schaffen. Bevor Sie in *Palanga → S. 85* starten sollten Sie das Schloss des Grafen Tiskevicius mit der größten **Bernsteinsammlung** *(Di–So 10–19 Uhr | Vytauto 17)* Europas besuchen. In mehr als 5000 Exponaten glänzt das *Gold der Ostsee* von Algengrün bis Elfenbeinweiß, Tausende Stücke enthalten Pflanzenteile und Urzeittierchen, die sogenannten Inklusen: konservierte

Grüße aus „Jurassic Park". Zu den Juwelen des Museums zählt der drittgrößte je gefundene Bernsteinbrocken – er wiegt stolze 3,5 kg – sowie Kopien aus dem berühmten *Bernsteinschatz von Schwarzort*. Nach dem Ausflug in die Prähistorie können Sie nebenan erleben, wie Litauens Bernsteinjuweliere den Sonnenstein in filigranen Schmuck verwandeln – in der Palangaer **INSIDER TIPP ▶ Meistergilde** *(Gintaro dirbtuve)* bei Albertas Petkevičius *(Vytauto 21 | Tel. 682 6 9139)*. Er organisiert Führungen (auf Englisch) durch die Werkstätten der Gilde, der derzeit 26 Bernsteinmeister angehören.
Von Palanga aus geht es nun auf dem gut ausgeschilderten Radweg Nr. 10 (Teil des *EuroVelo Rund Ostsee*) in Richtung Klaipėda, abseits der Fernstraße, nah an der Ost-

Bild: Schloss Jaunpils in Lettland

Baltisches Kontrastprogramm: Heute wilde Natur, morgen Schatzsuche und übermorgen Traumschlösser – mehr Vielfalt geht nicht

see entlang. Wenn Sie nach etwa 12 km kurz vor dem Fischerdorf **Karklė** zum Strand abbiegen, können Sie an manchen Tagen beobachten, wie die Litauer Bernstein „fischen" – mit Netzkeschern in der Brandung, wie vor hundert Jahren. In **Klaipėda → S. 79** ist das erste Etappenziel erreicht. Unterkunft gibt's hier reichlich. Die beschauliche Altstadt lädt zum Bummel ein, machen Sie dem berühmten Ännchen von Tharau ihre Aufwartung und bestaunen in Bernsteinläden wie dem **Dovanų Rūmai → S. 81**,

was litauische Künstler aus dem Gold der Ostsee zaubern. Auch rings um den alten Theaterplatz bieten im Sommer täglich Straßenhändler ihr Bernsteinangebot feil. Die meisten Stücke sind entgegen mancher Warnung echt, allerdings ist auch ziemlich viel billiger Kitsch im Angebot. Am nächsten Tag geht nun hinüber auf die legendäre Halbinsel. Für Radfahrer ist die kleine Stadtfähre ideal, sie legt am Kastellhafen direkt gegenüber der Altstadt ab, einfach dem Verlauf der *Dane* folgen. Drüben am Fähranleger in **Smiltynė** informiert eine große Tafel über den Nationalpark **Kurische Nehrung → S. 82**, auch lohnt sich ein Besuch des **Meeresmuseums → S. 109**. Der neu angelegte Radweg verläuft abseits der Nehrungsstraße durch Kiefernwald über alte, längst aufgeforstete Wanderdünen, zunächst auf der Ostseeseite, später auch am Haff. An vielen Stellen lockt der Strand, also: Badesachen bereithalten! Die Bernsteinsuche lohnt sich vor allem im stürmischen Herbst oder im Frühling. „Gibt's Seegras, gibt's Bernstein", sagt man hier.

Erste Station auf der Nehrung ist **Juodkrantė**, das alte Fischerdorf Schwarzort. Am alten Bernsteinhafen gleich am Ortseingang links auf der Haffseite standen einst die Werkstätten, in denen zwei Memeler Kaufleute von 1860–90 fast 2300 t (!) Bernstein aus dem geförderten Haffschlamm waschen ließen. Dabei fanden die Arbeiter auch jene 434 prähistorischen Figuren, Amulette und Perlen, die als *Bernsteinschatz von Schwarzort* berühmt wurden, einige der rund 6000

Jahre alten Stücke haben Sie als Kopien im Museum in Palanga gesehen. Die Originale dieses ältesten Bernsteinschmucks der Welt sind seit dem Zweiten Weltkrieg verschollen, lediglich im Göttinger Geologiemuseum überdauerten 22 Exponate. Über die ursprüngliche Bedeutung des steinzeitlichen Schatzes rätseln die Experten bis heute. Man nimmt an, dass sich bei Juodkrantė eine Opferstätte befand. Wer in Juodkrantė länger bleiben will, um das langgestreckte idyllische Nehrungsdorf mit seiner Uferpromenade, dem **Hexenberg → S. 109** und dem nostalgischen Villenviertel auf sich wirken zu lassen, findet Unterkunft z. B. im Gästehaus *Villa Flora (15 Zi. | Kalno 7 a | Tel. 469 5 30 24 | www.vilaflora.lt)*.

Von Juodkrantė sind es noch etwa 30 km bis zum Hauptort der Nehrung: **Nida**. Dort angekommen, besuchen Sie den Bernsteinkünstler und Fotografen Kazimieras Mizgeris im **Bernsteinmuseum → S. 85**. Er lässt sich zum Thema Bernstein immer etwas Außergewöhnliches einfallen. Probieren Sie z. B. seinen **INSIDER TIPP ▶ Bern-**

Im Hafen von Nida, dem beschaulichen Hauptort auf der Kurischen Nehrung

steinwodka: Im Alkohol lösen sich die Bernsteinstückchen langsam auf und machen so angeblich die Urkräfte des Harzes trinkbar. Nur einen Löffel trinken!

2 LETTLANDS SCHLÖSSER UND BURGEN

In Lettland gibt es viele alte Herrenhäuser, die nach der Wende herausgeputzt wurden. Die Tour führt zum neugotischen Jagdschloss bei Tukums und ins Schloss Pedvale. Im Schloss bei Jaunpils können Sie in alte Rüstungen schlüpfen und in Rundāle die Pracht des Herzogtums Kurland bewundern. Länge: 270 km, Dauer: 1–2 Tage. Vom frühen 13. Jh. bis in die Zeit der Reformation beherrschte der Schwertbrüderorden Livland. Im Gefolge der Mönchsritter kamen deutsche Adlige ins Gebiet des heutigen Lettland, bauten Schlösser und Gutshäuser. Von vielen blieben nur Ruinen, im nationalen Aufbegehren der lettischen Staatsgründung gingen um 1920 Dutzende der Fremdherrensitze in Flam-

men auf. Doch nicht alle gingen unter, 40 der kleinen und großen Paläste von einst können Sie besuchen (www.castle.lv). Die Tour führt von Rīga auf die A10 in Richtung Ventspils. Die Reise beginnt in der westlichsten lettischen Provinz **Kurzeme (Kurland)**, wegen ihrer fruchtbaren Böden schon früher als Kornkammer bezeichnet. Ungefähr 12 km hinter Tukums liegt das **Schloss Jaunmokas**, ein kleiner Palast aus rotem Ziegelstein, ganz im Stil des Art nouveau. Das Schloss diente als Jagdschloss. Heute gehört es dem lettischen Forstministerium. Von Jaunmokas fahren Sie zurück auf die A10 Richtung Ventspils. Nach ca. 20 km links auf die P130 abbiegen, in Richtung Kandava und Sabile. Nun sind Sie im landschaftlich schönsten Gebiet des Kurlands, der **Kurländischen Schweiz**.

In Sabile führt die Straße nach links zum **Schloss Pedvale**. Für eine umfangreiche Renovierung der Gutshäuser fehlte das Geld. Deshalb lud der lettische Künstler Ojars Feldbergs 1992 zur Gründung eines **INSIDER TIPP** **Open-Air-Museums** (Mai–Sept. tgl. 10–18, Okt.–April tgl. 10–16 Uhr | www.pedvale.lv) ein. Seither gibt es in Pedvale jedes Jahr Künstlerworkshops; die neuen Kunstwerke stellt man in der Landschaft auf. 1999 zeichnete die Unesco das ungewöhnliche Finanzierungsprojekt aus. Nehmen Sie sich für Pedvale viel Zeit, es lohnt sich! Wer möchte, kann in einem der authentisch renovierten Zimmer im Herrenhaus übernachten.

Von Schloss Pedvale fahren Sie zurück auf die A10 bis Tukums, dann auf die P104 nach Jaunpils. Der Besuch von **INSIDER TIPP** **Schloss Jaunpils** (Neuenburg | Di–So 10–18 Uhr) versetzt jeden Besucher sofort in eine versunkene Vergangenheit. Hier trifft man den jungen Kaspars Sivanis (Tel. 29 29 63 34). Für die lebendigen Schlossführungen ist Jaunpils berühmt, denn Sivanis schlüpft in die Rol-

Ostsee-Versailles: das prächtige Schloss Rundāle

hinter Eleja. ⭐ **Schloss Rundāle** *(Mai–Okt. tgl. 10–18, Nov.–April tgl. 10–17 Uhr | www.rundale.net)* ist ein wirklicher Palast, oft als „Versailles an der Ostsee" bezeichnet. Anfang des 18. Jhs. von Bartolomeo Francesco Rastrelli entworfen, erlebte das Barockschloss seine Blüte unter Herzog Ernst Johann Biron von Kurland. Bei der Renovierung wurde darauf geachtet, den Wohnraum der Herzogfamilie genau zu rekonstruieren. Heute dient das Schloss u. a. für Staatsempfänge. Zudem finden wechselnde Ausstellungen statt. Stilvoll übernachten Sie in **Mežotne** *(21 Zi. | Tel. 63 96 07 11 | www.mezotnespils.lv | €€€)*, einem klassizistischen Schlosshotel mit tollen Zimmern und herrlichem englischen Landschaftspark im gleichnamigen Dorf bei Bauska. In **Bauska** mit seiner Ordensburg endet diese Tour. Auf der A 7 können Sie von hier aus nach Rīga zurückfahren, aber die Schlösserroute lässt sich nach Belieben um weitere Adelssitze erweitern. Die Auswahl ist immer noch groß.

3 **NATUR PUR IN ESTLAND**

🚗 Diese Route führt zu den Schätzen der estnischen Natur: Zunächst in den Lahemaa-Nationalpark am Meer, dann an den riesigen Peipus-See (Peipsi järv) an der russischen Grenze. Für die Fahrt sollten Sie mehrere Tage einplanen: An den einzelnen Orten kann man es lange aushalten. Länge: ca. 250 km.

Am Rand des Kontinents gelegen, bietet Estland weite, unbewohnte Landschaften und einsame Ferienhäuser. Auf den einfachen Straßen kommt einem manchmal lange kein Auto entgegen. Die Tour beginnt im **Nationalpark Lahemaa** → S. 50 östlich von Tallinn. Verlassen Sie, von Tallinn kommend, die Autobahn A 1

le des Bruders Theodor. Theodor war ein Mönch, der mit den deutschen Kreuzrittern ins damalige Livland kam. Bei Sivanis darf auch mal ein Helm probiert werden, und man lernt, wie man ein Schwert führt. Von Jaunpils führt die Tour weiter nach Dobele und über die P 103 in Richtung Bauska direkt nach Rundāle, rund 18 km nach Narva hinter Kuusalu links in Richtung Kolga. Vorbei an alten deutschbaltischen Gutshäusern führt die Straße in Richtung Võsu in die urwüchsige, kiefernbewachsene Landschaft des Schutzgebietes Lahemaa. Biegen Sie links ab Richtung **Käsmu** an der Ostsee, einem kleinen verschlafenen Hafenort an einer weitläufigen Bucht, die von groben Findlingen und Seegras übersät ist. Entlang der Küste gibt es zahlreiche Wege für ausführliche Erkundungen. Das Gebiet war zu Sowjetzeiten nur mit Ausweis zu betreten. Noch heute stehen zahlreiche ☼ Wachtürme an der Küste, von denen man eine schöne Aussicht hat.

Die Tour führt zurück zur A1, allerdings über Viitna, dann weiter Richtung Narva. Auf der Höhe von Kohtla-Järve fahren Sie Richtung Ontika an die Ostsee. Das Gebiet liegt an dem Abschnitt der estnischen ☼ **Steilküste,** wo sie am höchsten ist. Auch ein Ausflug ins Örtchen **Valaste** (östlich von Ontika) lohnt sich, denn hier befindet sich ein weiterer Superlativ der estnischen Natur: der höchste Wasserfall des Landes, **Valaste juga** (gut ausgeschildert).

Interessant ist außerdem ein Abstecher landeinwärts zur Stadt **Kiviõli**. Dazu über die Dörfer entlang der Küste fahren: von Valaste über Ontika, Saka und Aa, ein Stück auf der A1, dann die Abfahrt Kiviõli nehmen. Die hohen **INSIDER TIPP ▶ Aschenberge** *(Tuha mäed)* im Umland der Stadt sind die Überreste des Ölschiefers, Estlands einziger Energieträger. Die ☼ hoch gelegenen eisernen Förderbahnen für den Schutt sind nicht mehr in Betrieb, dienen aber als grandiose Aussichtsplattform.

Zum nächsten Ziel fahren Sie über die A1 erst zurück in Richtung Narva, dann südostwärts bis Jõhvi. Von dort die A3 in Richtung Mustvee nehmen, dem Hauptort am **Peipus-See** *(Peipsi järv)*. Die Reise endet in **Kauksi**. Dort sind die ausgedehnten Dünen und Strände an Estlands See besonders einsam – an warmen Tagen ist die Gegend ein echter Urlaubstraum. Romantische Holzhütten, 2 km von Kauksi im Wald: *Kauksi Puhkemaja | Tel. 5 21 93 26 | www.kauksipuhkemaja.ee* | Kauksi Camping: *Juni–Sept. | Hanseni 17 | Iisaku | Tel. 3 39 35 95 | telklaager@hot.ee*

Vom Eis aus Skandinavien nach Estland verfrachtet: Findling im Wald bei Käsmu

SPORT & AKTIVITÄTEN

Im Baltikum können Sie: angeln, paddeln, reiten, tauchen, segeln, surfen, Rundflüge und Ballonfahrten buchen, in Kletterparks herumturnen, ganz gepflegt Golf spielen und in der Sauna schwitzen. Für alle, die Naturlandschaften am liebsten erwandern, mit dem Fahrrad oder vom Kanu aus entdecken, haben die drei Ostseeländer viele kleine Paradiese zu bieten.

Die Möglichkeiten für einen aktiven Urlaub haben sich im Baltikum in den letzten Jahren stark verbessert. Besucherzentren in den Nationalparks organisieren Exkursionen, Aktivtourismus-Anbieter wie Ezi *(www.ezi.lv)* im lettischen Gauja-Tal oder *www.soomaa.com* im estnischen Soomaa-Reservat stellen tolle Outdoor-Programme zusammen und verleihen Ausrüstungen. *Otepää* in Südestland mit schönen Skipisten und das lettische Sigulda mit seiner Bobbahn sind darüber hinaus echte Wintersport-Geheimtipps an der Ostsee.

ANGELN

Angeln ist Volkssport im Baltikum – bei dem Reichtum an Flüssen, Seen und 1870 km Ostseeküste (die Küstenlänge aller estnischen Inseln dazugerechnet, sind es sogar 4420 km) Ostseeküste auch kaum anders zu erwarten. In der Regel brauchen Sie einen Angelschein, der meist in den Tourismusinformationen, Angelläden, Besucherzentren der Naturreservate oder manchmal auch auf Postämtern (Lettland) zu bekommen ist.

Bild: Reiter am Ostseestrand nahe der Gauja-Mündung in Lettland

Da geht noch was! Das Baltikum ist wie geschaffen für Outdoorsport, aber noch fehlt ein umfassendes Konzept für Sporttourismus

Angel-Hotspots in Estland sind die Nationalparks *Soomaa (www.soomaa.ee)* und *Lahemaa (www.lahemaa.ee).* Lizenzen und Reviertipps gibt's in den Besucherzentren. Der Verband *Urlaub auf dem Land (www.maaturism.ee)* vermittelt Ferienhäuser speziell für Petrijünger.

In Lettland liegen fischreiche Seen westlich von Rīga, etwa rings um *Dobele,* ein einziges Paradies für Angler ist die stille, touristisch kaum erschlossene *Latgale-Seenplatte* ganz im Osten des Landes. An privaten Gewässern ist zusätzlich zur Angellizenz eine Erlaubnis des Besitzers nötig, eingeschränkt ist das Angeln auch in Naturschutzgebieten. Detaillierte Infos dazu gibt's beim *Lettischen Forst- und Fischereiamt (Kristapa 30 | Rīga | Tel. 67 60 20 75 | www.lvm.lv).*

Litauens Angelhochburgen sind das *Kurische Haff* und der *Aukštaitija-Nationalpark,* auch der *Nemunas* gilt als fischreich. Bei der Beschaffung von Angellizenzen helfen in der Regel die Touristenbüros. Infos zu Revieren und Angeltouren gibt's auf *www.countryside.lt.*

GOLF

Als „Sport der Reichen" war Golf zu sozialistischen Zeiten tabu, aber das ist lange vorbei. Inzwischen gibt's einige moderne Plätze, die meisten in Estland, z. B. der 27-Loch-Parcours des *Estonian Golf & Country Club (www.egcc.ee)* in Jõelähtme bei Tallinn oder der *Suuresta Golf Club (www.golfest.ee)*, ebenfalls bei Tallinn. Aktuelle Infos auch unter *www.golf.ee.* Modernster Golfplatz Lettlands ist der von Eishockey-Star Sandis Ozoliņš gegründete *Ozo-Parcours (www.ozogolf.lv)* am Kiš-See nördlich von Rīga.

KAJAK, KANU & RUDERN

Das Baltikum hat Wassersportreviere für jeden Geschmack und Anspruch – vom stillen Tretbootsee bis zum Wildwasserfluss für rasante Kajaktrails. Allein die litauischen Regionalparks bieten auf ihren Seen und Flüssen 3000 km ausgezeichnete Kanutouren, in Lettland sind es nicht viel weniger. Mit Abstand schönstes Revier hier: der *Gauja-Nationalpark.* Die Gauja ist auch für weniger geübte Paddler geeignet, sportlicher geht's auf ihrem Nebenfluss, der stromschnellenreichen Amata zu. Die Outdoor-Agentur *Makars* hat sich auf **INSIDER TIPP** **Kanutouren im Gauja-Tal** spezialisiert *(www.makars.lv).* Der größte Strom des Baltikums, die majestätische *Daugava,* können Sie mit dem Kanu abfahren, und sind dafür in Lettland 360 km unterwegs. Gute Tipps für dieses Revier hat der Kanuverleih *Campo (www.laivas.lv).*

Estlands Paddel-Dorado ist das Flüsschen *Ahja* bei Tartu südwestlich des Peipus-Sees – ein sehr wechselhaftes Revier: erst gemächlich, dann reißend. Doch wo es gefährlich wird, wachen Betreuer der jeweiligen Veranstalter *(z. B. www.veetee.ee oder www.kagureis.ee)* über die Sicherheit.

In Litauen kann man einen ganzen Wasserwander-Urlaub mit dem Kanu verbringen. Allein der *Nemunas-Strom,* die

Radfahrers Traum: sanftwellige Landschaft und hoffentlich viel Rückenwind

Deutschen kennen ihn als *Memel,* fließt von der weißrussischen Grenze bis zur Mündung in das Kurischen Haff 460 km quer durchs Land. Ein Traumrevier finden Paddler in der Seenplatte des *Aukštaitija-Nationalparks* mit vielen tollen Trails bis 150 km Länge (Details unter *www.valtine.lt*) Die Top 3 der 20 litauischen Kanuflüsse: *Neris* (235 km), *Merkys* (182 km) und die sanfte *Minija* (180 km)

RADFAHREN

Mit seinen sanftwelligen Naturlandschaften ist das Baltikum wie geschaffen für Radtouren. Und die sind mittlerweile auch richtig angesagt, sowohl bei Einheimischen wie bei Touristen. Wenn auch ein dichtes Radwegenetz noch fehlt, macht doch die Infrastruktur große Fortschritte, es gibt immer mehr ausgewiesene Routen.

Durch Litauen führen zwei *Euro-Velo-Strecken.* Die Route 11 verläuft durch den **INSIDER TIPP** waldreichen Süden über Vilnius in den Aukštaitija-Nationalpark, die Nr. 10 beginnt in *Nida* auf der Kurischen Nehrung und führt an der Küste entlang in Richtung Palanga und weiter nach Lettland. Gute Radtourangebote gibt es auch im *Gauja-Nationalpark* und rund um Tartu, in Tallinn bietet ● *City-bike* geführte Stadttouren per Fahrrad an. Detaillierte Radfahrerinfos hat *Baltic Cycle (www.bicycle.lt)*, ein Verbund der wichtigsten Fahrradclubs Estlands, Lettlands und Litauens. Auf der Homepage gibt es viele Routentipps, Radwanderkarten und Adressen für geführte Touren.

Balticcycle veranstaltet jedes Jahr eine mehrwöchige Tour durch das gesamte Baltikum mit Tagesetappen von 40–60 Kilometern, Übernachtung auf Campingplätzen: eine aktive und ganz sicher erlebnisreiche Art, Land und Leute kennen zu lernen.

Fahrradverleihstationen gibt es inzwischen in allen Touristenzentren und den meisten größeren Städten, auch viele Hotels bieten diesen Service an. Allerdings sind die Bikes von sehr unterschiedlicher Qualität.

REITEN

Bauernhöfe bieten inzwischen Reitferien an, es gibt zahlreiche Reitschulen. Reiterfreizeiten, bei denen alte deutschbaltische Herrenhäuser entlang der Strecke liegen, verbinden Naturgenuss mit Geschichte.

Viele Möglichkeiten gibt es in Litauen: Man kann Palanga per Pferd erkunden oder auf der Kurischen Nehrung ausreiten. Reitzentrum *Jojimo centras* bei Vilnius: *www.horse.lt.* In Lettland gibt es eine Pferdefarm *(Vintėnu 2 | Tel. 29 12 45 73 | info@burtnieki.com)* in Burtnieki bei Valmiera mit 200 Tieren. In Estland bei Pärnu: *Sassi Reiterfarm | Dorf Kabriste bei Audru | Tel. 56 46 73 01 | www.sassitalu.com*

SAUNA

Insbesondere in Estland gehört regelmäßiges Schwitzen zum ganz normalen Alltag der Einheimischen. Die Landhäuser sind üblicherweise mit Holzofensaunen ausgestattet. Holz muss meist selbst gehackt werden. Die Esten saunieren mit Aufguss, und auch die Selbstauspeitschung mit Eichen- oder Birkenzweigen *(Viht)* gehört dazu. Die Mietsaunen in den großen Städten sind meist mit Elektroöfen ausgerüstet, Viht gibt es in den Hotelsaunen auch nicht. In Soomaa können Sie in schwimmenden Saunen auf Booten schwitzen *(s. S. 40, Standort in der Touristeninformation erfragen).* Rīga: große Sauna für externe Gäste im *Hotel de Rome | Kaļķu 28 | Tel. 67 08 76 00 | ca. 20 Euro/Person*

MIT KINDERN UNTERWEGS

In allen drei baltischen Staaten ist man sehr kinderfreundlich. Da gibt es keine genervten Blicke, wenn das Kind vom Nebentisch umhersaust, sondern viel Verständnis für die Kleinen.

Die Infrastruktur aber entspricht der positiven Grundeinstellung nicht. Kaum ein Restaurant hat Kindersitze oder etwas für die kleinen Gäste auf der Speisekarte. Erwarten Sie keinen Kindersitz im Taxi, und Radfahren kann gefährlich sein. Baltischer Pragmatismus wird aber das Beste daraus machen: In den Restaurants serviert man eben eine halbe Portion. In manchen Städten sind inzwischen Kindertheater eröffnet worden. Und auf der Kurischen Nehrung, wohin es immer mehr Familien aus westlichen Ländern zieht, nimmt die Zahl der Freiluftbars mit angeschlossenem Sandkasten zu. An den Ostseestränden ist es ohnehin kein Problem, Kinder zu beschäftigen. Das weithin flache Wasser, wie in der Bucht von Pärnu in Estland, ist ideal für Schwimmflügelträger.

ESTLAND

FK KESKUS (131 E1) (⎄ G3)
Abenteuercenter in Tallinn für mutigere Kinder. Am beliebtesten ist die 750 m lange Gokartbahn. *Tgl. 11–22 Uhr | ab 6,50 Euro | Paldiski 229 a | www.fkkeskus.ee*

REITERCAMP (133 D6) (⎄ K6)
Der Pferdehof *Timmo Tallid* in Põlva, südöstlich von Tartu, organisiert im Sommer mehrtägige Reitcamps, aber es gibt auch Tagesangebote für Kinder ab 8

Bild: Kinder am Strand von Võsu im estnischen Nationalpark Lahemaa

Im Paradies der Sandburgenbauer: Wer der Schaufel entwachsen ist, findet in Wasserparks und Meeresmuseen viel Spannendes

Jahren mit Reitunterricht, Ponyreiten und romantischen Lagerfeuerabenden. *Põlva Mammaste | Uus 5 | Tel. 7 99 85 30 | www. kagureis.ee*

ROCCA AL MARE TIVOLI
(131 E1) (🗺 G3)

Im größten Vergnügungspark Estlands können sich Kinder und Erwachsene in fast 30 Karussells und teils abenteuerlichen Fahrangeboten austoben. *Mai–Sept. Mo–Fr 12–20, Sa/So 11–20 Uhr | Eintritt 2,50 Euro | Aldiski 100 | Tallinn*

SPIELZEUGMUSEUM (133 D5) (🗺 K6)

Das Haus in Tartu zeigt Kuscheliges und Wuscheliges, teils aus dem vorletzten Jahrhundert. Und am Ende der Ausstellungen können die Kinder wirklich spielen. *Mi–So 11–18 Uhr | Eintritt ca. 1,50, Kinder ca. 1 Euro | Lutsu 8 | www.mm.ee*

WASSERPARK TERVISEPARADIIS
(131 E5) (🗺 G6)

Riesenanlage in Pärnu. Bis zu 85 m lange Rutschen, Kleinkinderpool, Kletterwand im Wasser, Wasserfälle und vieles mehr.

Juni–Dez. tgl. 10–22, Jan.–Mai 11–22 Uhr | Preis bis 9 Euro für drei Std. | Side 14 | www.terviseparadiis.ee

GO PLANET (135 F4) (*ⅉ* F10)

Der größte Elektronikvergnügungstempel Rīgas bietet mit 3D-Kino, Gokart-Bahn, Formel-1-Rennsimulator, Laser-Labyrinth und anderem ein aufregendes Programm. Nicht alles ist unbedingt für Kinder geeignet, aber das Personal passt da schon auf. *Mo–Fr 14–22, Sa/So 11–22 Uhr | Astras 2 | www.goplanet.lv*

LIDO (135 F4) (*ⅉ* F10)

Das Selbstbedienungslokal ist schon von Weitem an seiner stilisierten Windmühle zu erkennen. Am Ufer der Daugava, mit „Freizeitparadies" (Animateure bieten Programm) für die Kleinen. *Krasta 76 | Rīga | Tel. 67 50 44 20 | €–€€*

LĪVU AKVAPARKS JŪRMALA ●
(135 E3) (*ⅉ* F9)

Im größten, modernsten Spaßbad Lettlands verbringen Sie locker einen ganzen Tag, ohne dass es langweilig wird. Der Līvu Akvaparks in der Strandstadt Jūrmala bei Rīga ist ein Wasserparadies der Superlative, das 40 Attraktionen von sanft bis extrem parat hält. *Mo–Fr 12–22, Sa/So 10–22 Uhr | Eintritt für 2 Std. 5, Kinder 3 Euro | Viestura 24 | www.akvaparks.lv*

MÄRCHENWALD TĒRVETE
(135 E5) (*ⅉ* E11)

Der Wald *Kalnamuiža* bei Tērvete, 30 km südwestlich von Jelgava, ist in ganz Lettland berühmt – der Märchenfiguren und Sagenwesen wegen, die dort als skurrile Holzskulpturen die verschlungenen Wege des Märchenwalds bevölkern: der Waldkönig, der alte Zwerg und natürlich Maija und Paija, die Lieblingsmärchenfiguren aller lettischen Kinder. *Ganzjährig tgl. geöffnet | Eintritt frei*

MEŽAPARK (135 F3) (*ⅉ* F9)

Rīgas größte und schönste Parkanlage am nördlichen Stadtrand ist bei Familien mit Kindern sehr beliebt. Mit einem Mix aus Entspannung und Erholung bietet die über 4 km² große Grünanlage eine Menge: Karussell und Minieisenbahn im Vergnügungspark fahren, am malerischen Kiš-See spazieren gehen oder den nahe gelegenen Zoo besuchen. *Meža pr. 1*

STREICHELZOO IN LIEPĀJA
(134 A5) (*ⅉ* B10)

Picknickmöglichkeit, Reiten. *Latgales 3 | Tel. 66 46 33 36 | Eintritt 1,80, Kinder 1,20 Euro*

INSIDER TIPP AQUAPARK DRUSKININKAI (142 C6) (*ⅉ* F17)

Im größten Aquapark des Baltikums, im südlitauischen Heilkurort Druskininkai, geht's um reinen Badespaß. Der kommt in 18 verschiedenen Pools, einem atemberaubenden Rutschen-Tower und künstlichen Stromschnellen nicht zu kurz. *Je nach Saison stark variierende Öffnungszeiten | Eintritt Mo–Fr 6,50, Kinder 3,50, Sa/So 10,50, Kinder 4,80 Euro (für je 2 Std.) | Vilnaus al. 13 | www.akvapark.lt*

ASILIUKO SAPNAS (142 C3) (*ⅉ* F15)

In diesem Restaurant in Kaunas sind die Tischmöbel endlich in der richtigen Größe – aus Sicht der Kleinen. *Tgl. 10–18 Uhr | Laisvės 87 a*

EISLAUFBAHN (LEDO ARENA)
(142 C3) (*ⅉ* F15)

Mit Schlittschuhverleih. *Sept.–Mai Mo–Fr 8–17 Uhr | Aušros 42 C | Kaunas | Tel. 37 33 06 20*

INSIDER TIPP ▸ HEXENBERG (RAGANOS KALNAS) (138 A4) ( B13)

Der Hexenberg liegt bei Juodkrantė auf halber Strecke von Nida nach Klaipėda. Entlang eines Rundwanderwegs (¾ Std.) um einen bewaldeten Hügel haben litauische Künstler liebevoll geschnitzte Holzgeister, Hexen und Kobolde aufgestellt. *Start an der Durchgangsstraße, die hier L. Rėzos gatvė heißt, bei Nr. 48, am Straßenrand weist die Holzhexe mit Axt den Weg.*

nichts. *Mai–Aug. tgl. 10–22, Sept/Okt. 10–20 Uhr | www.lokespeda.lt*

MEERESMUSEUM (JŪRŲ MUZIEJUS) (138 A3) ( B13)

Korallen, bunte Schnecken und 30 Aquarien voller Ostseefische und ihrer tropischen Verwandtschaft: Das ist mal eine sinnvolle Nutzung für eine Festung. Das wuchtige *Backsteinfort Kopgalis* (1871) in Smiltynė auf der Nordspitze

Schöne Schaluppe, leider seeuntauglich, aber zum Spielen an Land bestens geeignet

KLETTERPARK LOKĖS PĖDA (139 F5) ( F14)

Insgesamt sechs Trails führen in verschiedenen Schwierigkeitsgraden und in unterschiedlichen Höhen durch die Baumkronen des Abenteuerparks *Lokės Pėda* (dt. Bärenpranke) bei Jonava (40 km nordwestlich von Kaunas). Die *Tarzantour* über Seile, Netze, Hängebrücken und Strickleitern ist nichts für Angsthasen! Doch jeder ist während der Kletterei mit Seilen gesichert, passieren kann also

der Kurischen Nehrung beherbergt ein landesweit einzigartiges Meeresmuseum. In der Außenanlage tummeln sich Kegelrobben, im Delfinarium zeigen Schwarzmeerdelphine und Seelöwen ihre Kunststücke. *Mai–Sept. Mi–So 10–18, Okt–April Sa/So 10–17 Uhr | Eintritt Museum: 2,80, Kinder 1,50 Euro; Delfinshow: 3,50, Kinder 1,80 Euro | Smiltynės 3 | mit der Fähre vom Kastellhafen zur Nehrung übersetzen, von der Fährstelle 400 m rechts | www.juru.muziejus.lt*

EVENTS, FESTE & MEHR

OFFIZIELLE FEIERTAGE

1. Jan. Neujahr; **16. Feb.** Unabhängigkeitstag (Litauen); **24. Feb.** Unabhängigkeitstag (Estland); **11. März** Tag der wiedererlangten Selbstständigkeit (Litauen); **Karfreitag** (Estland, Lettland); **Ostermontag** (Estland, Litauen); **1. Mai** Tag der Arbeit (Estland, Lettland); **23. Juni** Tag des Sieges (Estland); **23./24. Juni** Johannistage (Lettland); **24. Juni** Johannistag (Estland); **6. Juli** Krönung Mindaugas' (Litauen); **15. Aug.** Mariä Himmelfahrt (Litauen); **20. Aug.** Tag der wiedererlangten Unabhängigkeit (Estland); **1. Nov.** Allerheiligen (Litauen); **18. Nov.** Unabhängigkeitstag (Lettland); **25./26. Dez.** Weihnachten

FESTE & VERANSTALTUNGEN

MÄRZ

▶ *Kasimir-Tag* (Litauen): Volksfeste in den Städten zum Namenstag des litauischen Schutzpatrons

▶ *Internationales Jazzfestival* in Birštonas (Litauen), in allen geraden Jahren

APRIL

1. April (Litauen): ▶ `INSIDER` `TIPP` *Karnevalesker „Unabhängigkeitstag"* der „Freien Republik Užupis" im gleichnamigen Vilniuser Künstlerstadtteil

Letzte Aprilwoche (Estland): ▶ *Internationales Jazzfestival Jazzkaar* in Tallinn, *www.jazzkaar.ee*

MAI

▶ *Folklorefestival Skamba, skamba kankliai* (Litauen) in Vilnius

▶ *Internationales Theaterfestival Life* in Vilnius, weitere Infos *www.life.lt*

JUNI

Anfang Juni (Estland): ▶ *Altstadttage* in Tallinn; Buden, Konzerte, Aufführungen

▶ *Grillfest* Mitte Juni in Pärnu (Estland), Riesen-Sommersause mit Barbecue

▶ *Internationales Rīgaer Opernfestival* (Lettland)

▶ *Johannisfest:* 23./24. Juni (alle): Die Sommersonnenwende wird ausgelassen gefeiert mit speziellen Speisen, Johannisfeuern und Tanz

JUNI/JULI

▶ ⭐ *Sängerfeste,* alle vier bis fünf Jahre zum Monatswechsel: das litauische 2015 im Vilniuser *Vingio parkas,* Ende Juni 2016 das lettische im Rīgaer *Mežaparks.* Die Esten feiern 2014 in Tallinns Freiluftarena *Lauluväljak.*

Die Magie der Mittsommernacht: Nirgendwo wird Johanni so ausgelassen begrüßt wie in Estland, Lettland und Litauen

JULI

2.–9. Juli (Litauen): ▶ *Pilgermarsch* zur Kirche Mariä Heimsuchung am Kalvarienberg 20 km von Telšiai

▶ *Biersommer* (Estland) in der ersten Juliwoche in Tallinn, Infos unter *www.ollesummer.ee*

▶ *Festival für Alte Musik* (Lettland): Tanz und Gesang am 3. Juliwochenende in drei Schlössern in und um Bauska

Mitte Juli (Estland): ▶ *Watergate-Festival*, Kieler Woche auf Estnisch in Pärnu

Ende Juli (Estland): ▶ *Woodstock* in Viljandi; Hippiemusik aus aller Welt

Das internationale ▶ *Folklorefestival Baltica* tragen die drei Länder abwechselnd in jedem Jahr aus.

Estland: ▶ *Sommerski-Spektakel* in Tartu

Litauen: ▶ *Internationales Thomas-Mann-Festival* in Nida auf der Kurischen Nehrung mit Lesungen und Konzerten

AUGUST

▶ *Rock- und Jazzfestival „Libauer Bernstein"* im lettischen Liepāja

▶ INSIDER TIPP *Abschlussfest der „Sommerhauptstadt" Pärnu* Ende August (Estland): Tanz am Strand mit dem Ministerpräsidenten

SEPTEMBER

▶ *Studententage* (Estland) Mitte September in Tartu: Openend in Kneipen, Konzerte und Bandwettstreite

Traditionelles ▶ *Pilzfestival* (Litauen) in Varena/Dzukai (nahe der polnischen Grenze) am letzten Samstag des Monats. Sammelwettbewerb und Volksfest in der Stadt

NOVEMBER

Ende November/Anfang Dezember (Estland): ▶ *Filmfestival „Dunkle Nächte"* in Tallinn; weitere Infos *www.poff.ee*

DEZEMBER

▶ *Weihnachtsmarkt* in Rīga, der älteste, größte und schönste im Baltikum mit viel Kunsthandwerk, balzamgestärktem Glühwein und riesiger Lichtertanne

ICH WAR SCHON DA!

Drei User aus der MARCO POLO Community verraten ihre Lieblingsplätze und ihre schönsten Erlebnisse

JESUS-KIRCHE IN RĪGA

Aus dem Zimmer des sehr empfehlenswerten *Hanza Hotel (www.hanzahotel.lv)* hatten wir einen wunderschönen Blick auf die Jesus-Kirche. Die Holzkirche wurde für die lutherischen Gläubigen Rīgas Anfang des 19. Jhs. erbaut. Sie wurde in der Mitte eines achteckigen Platzes errichtet und gilt als größte Holzkirche Lettlands. Das im klassizistischen Baustil gebaute Gotteshaus wurde zweimal zerstört und wieder aufgebaut. Leider haben wir sie nicht von innen gesehen, da wir nicht rechtzeitig auf die Öffnungszeiten geachtet hatten. **editha aus Nettetal**

KULTUR IN RĪGA

Eine nette Sehenswürdigkeit in Rīga ist der Kulturpalast. Dieser war ursprünglich nach Josef Stalin benannt. Auf dem Platz davor fanden wir eine kuriose Skulptur, auf der ein Testbild aufgemalt ist. Da sich der Hauptbahnhof direkt in der Nähe befindet, ist die Anreise problemlos möglich. Auch der Hauptmarkt von Rīga ist von hier aus schnell zu erreichen. **tobiaspoeschl aus Hannover**

GEDIMINAS-PROSPEKT VILNIUS

Der Gediminas-Prospekt ist die Pulsader Vilnius', die vom Ufer der Neris bis zum wunderschönen Kathedralenplatz führt und mit vielen netten Cafés und Geschäften lockt. Vor dem Nationaltheater befindet sich die beeindruckende Skulptur „Fest der drei Musen" – Drama, Tragödie, Komödie. Tipp: den Blick ruhig mal nach oben wenden! **Scubadiver aus Melsbach**

Haben auch Sie etwas Besonderes erlebt oder einen Lieblingsplatz gefunden, den nicht jeder kennt? Gehen Sie einfach auf www.marcopolo.de/mein-tipp

LINKS, BLOGS, APPS & MORE

LINKS

▶ www.marcopolo.de/baltikum Interaktive Karten inklusive Planungsfunktion, Impressionen aus der Community, aktuelle News und Angebote

▶ www.baltische-rundschau.eu Von Vilnius aus berichtet die *Baltische Rundschau* als einzige deutschsprachige Monatszeitung über das aktuelle Zeitgeschehen in Litauen, Lettland und Estland

▶ short.travel/btk14 Wer noch ein paar ausgefallene Gründe für die Estlandreise sucht – hier gibt es sie: „Wenn der Schnee fällt, gehen Sie in eine heiße holzbeheizte Sauna, schlagen Sie sich (oder einen Freund) mit Birkenzweigen und wälzen Sie sich im Schnee herum. Das ist toll. Wirklich!"

▶ short.travel/btk2 In der Republik Užupis, Vilnius' Stadtteil der Künstler und Kreativen, hat laut eigener Verfassung jeder Mensch das Recht, glücklich zu sein. Oder unglücklich ... Spiegel online macht einen interessanten Abstecher dorthin

▶ www.celotajs.lv Ferien auf dem Land und Aktivurlaub in Lettland, Litauen und Estland: von Unterkünften bis zu konkreten Touren, z. B. durch Lettlands Nationalparks – auf dem Rad, dem Pferd oder im Kanu

BLOGS & FOREN

▶ estland.blogspot.com Das Forum von *Infobalt* diskutiert aktuelle Estlandthemen. Viele Infos zu Gesellschaft, Szene, politischen Hintergründen

▶ www.litauen-forum.de Das Forum des Litaueninsiders Hans-Joachim Kaiser bildet in einem unterhaltsamen Themenmix aus News, Infos und Kuriositäten das Leben in der größten baltischen Republik ab

▶ lettland.blogspot.com Auch in diesem Forum erfahren Sie viel Aktuelles, es wird über neue lettische Filme, das Referendum zur Amtssprache Russisch oder den letzten Winter diskutiert, aber auch über essbaren Bernstein und Storchenwohnsitze sinniert

Egal, ob Sie sich auf Ihre Reise vorbereiten oder vor Ort sind: Mit diesen Adressen finden Sie noch mehr Informationen, Videos und Netzwerke, die Ihren Urlaub bereichern. Da manche Adressen extrem lang sind, führt Sie der kürzere short.travel-Code direkt auf die beschriebenen Websites

VIDEOS

▶ short.travel/btk4 Eine 30-Tage-Reise einer deutschen Fernsejournalistin mit dem Rucksack von Leipzig via Rügen einmal quer durchs Baltikum

▶ short.travel/btk6 Mit seinem Litauen-Rap „Speak up" gewann Deividas Jakavičius beim Wettbewerb des *British Council* zu den Sprachen in Europas

▶ short.travel/btk7 Landleben und Laptop, Kuhstall und Karriere – dass das keine Widersprüche sind, zeigt Estlands neue Landjugend

▶ short.travel/btk8 Feel Rīga: Eine junge Japanerin erlebt einen Sommertag in Lettlands zauberhafter Hauptstadt – Bilder zum Verlieben

▶ short.travel/btk15 Interessante Dokumentation über einen typisch litauischen, zutiefst spirituellen Ort: Litauens Berg der Kreuze. Wer ihn einmal sah, wird ihn nicht vergessen

APPS

▶ Offline-Karte Tallinn Detaillierte Karte der estnischen Hauptstadt für Android-Nutzer. Funktioniert im Offline-Modus, also auch ohne Internetverbindung

▶ Litauen-Reiseführer App mit vielen praktischen Features und Karten im Offline-Status. Gibt's auch für Estland und Lettland

▶ Latvia.Travel App des lettischen Fremdenverkehrsvereins mit vielen touristischen Infos in fünf Kategorien von Sehenswertem bis Gastronomie, außerdem aktuelle Veranstaltungstipps

NETWORK

▶ short.travel/btk9 Was es Neues gibt an Interessantem und Nebensächlichem in Litauen, Lettland und Estland, twittert pausenlos die Baltische Rundschau

▶ short.travel/btk11 Originelle und witzige Bilder von „ilovelatvia" aus dem Rīga jenseits von Schwarzhäupterhaus und Jugendstilviertel

▶ short.travel/btk12 Das internetaffine Estland („e-stonia") versammelt bei Facebook eine riesige Gefällt-mir-Community, in der es permanent aktuelle Tipps gibt

PRAKTISCHE HINWEISE

ANREISE

Empfohlene Strecke: Berlin–Poznan–Plock–Ostroleka–Suwalki–Kalvarija–Kaunas–Vilnius, Dauer etwa 20 Std. Weiterfahrt nach Lettland: von Kaunas über Ukmerge in Richtung Daugavpils, über Siauliai in Richtung Rīga. Wenn Sie an die Küste wollen, empfiehlt sich die Strecke von Kanuas nach Klaipėda und von dort weiter nach Liepāja/Ventspils.

Gute Verbindungen gibt es von Berlin nach Warschau (viermal tgl., ca. 6 Std.). Von Warschau bis Vilnius fährt frühmorgens ein Zug (weitere 10 Std.). Zwischen den baltischen Staaten verkehren derzeit keine Züge.

GRÜN & FAIR REISEN

Auf Reisen können auch Sie mit einfachen Mitteln viel bewirken. Behalten Sie nicht nur die CO_2-Bilanz für Hin- und Rückflug im Hinterkopf (www.atmosfair.de), sondern achten und schützen Sie auch nachhaltig Natur und Kultur im Reiseland (www. gate-tourismus.de; www.zukunft-reisen.de; www.ecotrans.de). Gerade als Tourist ist es wichtig, auf Aspekte zu achten wie Naturschutz (www. nabu.de; www.wwf.de), regionale Produkte, Fahrradfahren (statt Autofahren), Wassersparen und vieles mehr. Wenn Sie mehr über ökologischen Tourismus erfahren wollen: europaweit www.oete.de; weltweit www.germanwatch.org

Von vielen deutschen Städten fahren mehrmals wöchentlich Fernreisebusse ins Baltikum. Z. B. Stuttgart/München/Köln/Berlin–Tallinn (www. eurolines.com, www.ecolines.ee). Von Berlin aus verkehren tgl. Linienbusse nach Litauen (Kaunas, Vilnius, Klaipėda / www. berlinlinienbus.de). Fahrzeiten (ab Berlin): Vilnius 18, Rīga 22, Tallinn 26 Std. Hin- und Rückfahrt 110 Euro, Senioren und Studentenrabatt. Weitere Infos auch unter www. deutsche-touring.de

Autofähren verkehren von Rostock nach Liepāja und Ventspils (Scandlines), von Lübeck nach Rīga (DFDS, Lisco) und Ventspils (Finnlines), von Travemünde nach Ventspils und Liepāja (Scandlines), alternativ von Travemünde nach Helsinki (Finnlines), von dort legen tgl. mehrere Fähren nach Tallinn ab (www. vikingline.fi, www.eckeroline.fi, www.tal linksilija.com, www.njl.info), von Kiel und Sassnitz/Rügen nach Klaipėda (Scandlines, Lisco). Fähren: DFDS | www.dfdslisco.de; Scandlines | www. scandlines.de; Finnlines | www.finnlines. com. Weitere Fähr-Infos unter www.bal tikum24.de

Easyjet (www.easyjet.com) fliegt von Berlin-Schönefeld nach Tallinn und Rīga. Ryanair (www.ryanair.com) verbindet Frankfurt-Hahn mit Rīga. Ähnlich günstig (online buchen) sind Flüge mit Estonian Air von Berlin, Frankfurt und Hamburg nach Tallinn (www.estonian-air.com) sowie mit Air Baltic (www.airbaltic.com) von Berlin, Frankfurt, Hamburg, Köln, München, Stuttgart oder Wien nach Rīga. Air Baltic fliegt auch nach Vilnius von Berlin, Hamburg, München und Wien

Von Anreise bis Zoll

Urlaub von Anfang bis Ende: die wichtigsten Adressen und Informationen für Ihre Baltikumreise

aus sowie von Hamburg nach Palanga. Keine Direktflüge aus der Schweiz. Die polnische Airline LOT *(www.lot.com)* fliegt dreimal wöchentlich ab Frankfurt die lettische Hauptstadt Rīga an, sowie von Düsseldorf nach Tallinn, jeweils über Warschau. Von dort aus bedient LOT auch täglich Vilnius. Auch SAS *(www.skandinavian.net)* bietet von mehreren deutschen Flughäfen Verbindungen nach Tallinn (via Kopenhagen) an, Austrian Air *(www.aua.com)* startet ab Wien.

AUSKUNFT

BALTIKUM TOURISMUS ZENTRALE ESTLAND – LETTLAND – LITAUEN
Katharinenstr. 19–20 | 10711 Berlin | Tel. 030 89 00 90 91 | www.baltikuminfo.de

FREMDENVERKEHRSÄMTER IM BALTIKUM
Estland: *Roosikrantsi 11 | 10119 Tallinn | Tel. 6 27 97 70 | www.visitestonia.com*
Lettland: *Pils 4 | 1050 Rīga | Tel. 67 22 99 45 | www.latvia.travel*
Litauen: *Juozapavičiaus | 09311 Vilnius | Tel. 5 2 10 87 96 | www.travel.lt*
Es gibt außerdem ein gutes Netz an Informationsbüros, gekennzeichnet mit dem internationalen „i". Estn.: *Turismiinfokeskus;* Lett.: *Tūrisma informācijas;* Lit.: *Turizmo informacijos centras*

AUTO

In allen drei Ländern muss auch am Tag mit Licht gefahren werden. Die Fernstraßen sind im Baltikum in gutem Zustand, in der Provinz gehen die Straßen allerdings häufig unvermittelt in staubige Schotterpisten über. Man kann auf ihnen durchaus fahren, allerdings langsam und Vorsicht bei Gegenverkehr (Steinschlag)! Es gibt zahlreiche Radarfallen, bezahlt werden muss vor Ort. Überall beträgt die Höchstgeschwindigkeit innerorts 50 km/h, auf Landstraßen 90 km/h, auf der Autobahn in Litauen 110 km/h.

WAS KOSTET WIE VIEL?

Benzin	**1,40 Euro**
	1 l Super bleifrei
Taxifahrt	**4–8 Euro**
	(10 km)
Kaffee	**1,10 Euro**
	1 Tasse Kaffee
Bier	**1,30 Euro**
	0,5 l einer heimischen Marke
Imbiss	**1,50 Euro**
	für ein Kiewer Kotelett
Sauna	**12–20 Euro**
	für 2 Std.

Durchschnittspreise in den drei Hauptstädten

In Estland und Litauen gilt die Nullpromillegrenze, in Lettland liegt sie bei 0,5. Weitere Verkehrsregeln: In allen drei baltischen Staaten Anschnallpflicht und Handyverbot am Steuer, auch eine Warnweste muss mit sich geführt werden. Von Dez.–März sind Winterreifen vorgeschrieben. Achtung an Ampeln: Das Grün blinkt zehn Sekunden vor dem Umschalten auf Gelb, bei Gelb niemals mehr fahren!
Pannenhilfe: Lettland *Tel. 8 00 00 00* oder *mobil 188,* Estland *Tel. 6 96 91 88, mobil 18 88,* Litauen *Tel. 8 80 00 00 00, mobil 18 88*

BANKEN & KREDITKARTEN

Die meisten Banken im Baltikum akzeptieren die üblichen Kredit- und EC-Karten. Geldautomaten (Visa, Eurocard, EC) sind auch auf dem Land verbreitet. Banken

WÄHRUNGSRECHNER

€	LVL	LVL	€
1	0,70	1	1,43
2	1,39	2	2,86
3	2,09	3	4,29
5	3,48	5	7,16
10	6,95	10	14,31
25	17,38	25	35,78

WÄHRUNGSRECHNER

€	LTL	LTL	€
1	3,45	1	0,29
2	6,90	3	0,87
3	10,36	5	1,45
5	17,26	10	2,90
10	34,52	25	7,24
25	86,30	100	28,95

sind meist Mo–Fr 9–18 Uhr geöffnet, einige auch samstags. In den Hauptstädten kann man fast überall mit Kreditkarten bezahlen.

DIPLOMATISCHE VERTRETUNGEN

DEUTSCHE BOTSCHAFTEN

Tallinn: *Toom-Kuninga 11 | Tel. 6 27 53 00 | www.tallinn.diplo.de*
Rīga: *Raiņa bulv. 13 | Tel. 67 22 90 96 | www.riga.diplo.de*
Vilnius: *Sierakausko 24/8 | Tel. 5 2 10 64 00 | www.wilna.diplo.de*

ÖSTERREICHISCHE BOTSCHAFTEN

Tallinn: *Vambola 6 | Tel. 6 27 87 40 | tallinn-ob@bmeia.gv.at*
Rīga: *Elisabetes 21a | Tel. 67 21 61 25 | www.aussenministerium.at/riga*
Vilnius: *Gaono 6 | Tel. 5 2 66 05 80 | www.aussenministerium.at/wilna*

SCHWEIZER BOTSCHAFT

Rīga: *Elisabetes 2 | Tel. 67 33 83 51 | www.eda.admin.ch/riga*
Auch für Estland und Litauen zuständig

EINREISE

Es genügt der Personalausweis, das Baltikum gehört zum Schengenraum.

GESUNDHEIT

Die Europäische Krankenversicherungskarte (EHIC) gilt auch im Baltikum. Auch Schweizer haben grundsätzlich Anspruch auf die gleiche Behandlung wie zu Hause. Allerdings wird Vorauszahlung verlangt. Der Abschluss einer Auslandskrankenversicherung wird empfohlen. Die meisten Medikamente werden in den Apotheken rezeptfrei verkauft. Wer Wanderungen in der Natur plant, sollte sich vor Reiseantritt gegen Zeckenbisse impfen lassen (FSME), bei Outdoor-Trips unbedingt ein gutes Mückenschutzmittel mitnehmen.

INTERNET & WLAN

In vielen Städten des Baltikums kommt man mittlerweile kostenlos ins Internet via WLAN. Estland verfügt praktisch über ein flächendeckendes, stabiles und schnelles WLAN-Netz. Es gibt fast 1200 Hotspots, erkennbar an den orange-schwarzen Wifi-Symbolen. Eine komplette Übersicht aller Hotspot-Standorte, auch der kostenlosen: *www.wifi.ee.* Selbst in abgelegenen Dörfern findet sich ein

@-Zeichen, das den öffentlichen Internetzugang markiert. In Litauen und Lettland beschränkt sich WLAN noch auf größere Städte und Touristenzentren, aber alle modernen Hotels verfügen über Hotspots.

NOTRUF

Estland: *Feuerwehr/Krankenwagen 112, Polizei 110.* Lettland und Litauen: *zentrale Notrufnummer 112 (auch vom Handy)*

ÖFFENTLICHE VERKEHRSMITTEL

Eine Straßenbahn gibt es in Rīga und Tallinn, in Vilnius fährt ein Trolleybus. Kaufen Sie Einzeltickets (ca. 60 Cent) im Vorrat an den Kiosken. Das Ticket muss bei Fahrtantritt entwertet werden. Es kann auch mit Aufschlag beim Fahrer gekauft werden. Bei längeren Fahrten sind Busse meist schneller als Züge, es gibt relativ häufige Verbindungen. Die kleinen Mikrobusse sind oft flexibler und komfortabler, fragen Sie danach. Fahrkarten gibt es im Busbahnhof (Lit.: *Autobusų stotis,* Lett.: *Autoosta,* Est.: *Bussijaam*).

ÖFFNUNGSZEITEN

Das Baltikum hat kein Ladenschlussgesetz. Die großen Einkaufszentren sind meist tgl. bis 22 Uhr geöffnet, manche sogar bis Mitternacht. Normale Geschäfte öffnen in der Regel Mo–Fr 9–19 (20) Uhr, am Samstag bis 17 (18) Uhr, in Litauen vielfach auch am Sonntag. Museen sind wie international üblich meist montags geschlossen, manche auch am

BÜCHER & FILME

▶ **Estland, mon Amour** – Regisseurin Sibylle Tiedemann auf den Spuren ihres Bruders, der auf mysteriöse Weise in Estland ums Leben kam. Die sensible TV-Dokumentation gerät trotz des ernsten Themas zur sehenswerten Liebeserklärung an das Ostseeland (2004)

▶ **Kurische Nehrung** – Der für seine Ostgeschichten und lange Schwenks bekannte Dokumentarfilmer Volker Koepp zeichnet ein zeitlos-einfühlsames Bild der russisch-litauischen Landzunge und seiner heutigen Bewohner (2001)

▶ **Der Sonnenthron** – Schöne Lyriksammlung von Lettlands Nationaldichter Jānis Pliekšāns alias Rainis. Über den Internethändler Amazon zu bekommen

▶ **Sterne der Eiszeit** – Reichlich schräg gestellter Einblick ins Litauer Landleben von Renata Šerelytė

▶ **Hunde von Riga** – Spannendes vom schwedischen Krimistar Henning Mankell

▶ **Der Verrückte des Zaren** – Historischer Roman des großen alten Mannes der estnischen Literatur, Jaan Kross

▶ **Die Straßen von Wilna** – Zärtliche Hommage des litauisch-polnischen Nationalpreisträgers Czesław Miłosz an Vilnius, die Stadt seiner Jugend

▶ **Die baltischen Länder** – von Michael Garleff – ebenso fundiert wie Alexander Schmidts „Geschichte des Baltikums"

Dienstag. Restaurants öffnen meist gegen 10 oder 11 Uhr und schließen gegen 23 Uhr, auf dem Land und außerhalb der Saison auch früher. In der Vor- und Nachsaison haben v. a. in den Touristenzentren der Küste viele Gaststätten, Pensionen, Museen und Kulturstätten nur verkürzt geöffnet bzw. (im Winter) ganz geschlossen.

POST

Postämter sind meist Mo–Fr 8–18 Uhr geöffnet. Auch manche Kioske verkaufen Briefmarken.

PREISE & WÄHRUNG

In Estland ist seit dem 1. Januar 2011 der Euro das offizielle Zahlungsmittel. Im Vergleich zu Deutschland ist Estland immer noch ein preisgünstiges Land – mit Ausnahme von Tallinn, wo vor allem die Übernachtungspreise in neuen Hotels westliches Niveau erreicht haben. Der lettische Lats (LVL) und der litauische Litas (LTL) sind fest an den Euro gebunden. Rīga ist für EU-Touristen die teuerste Stadt. Auf dem Land ist vieles deutlich billiger. Der Eintritt für Museen liegt meist unter 2 Euro. Sehenswürdigkeiten kosten wenig bis keinen Eintritt.

TAXI

Taxifahrten werden im Baltikum nach Strecke abgerechnet (Richtgröße für Vilnius: 20–50 Cent/km; in Tallinn ist es billiger, in Rīga deutlich teurer). Um Gaunereien zu vermeiden, sollten Sie Taxis immer telefonisch rufen (offiziell auch billiger). Sie müssen Abfahrts- und Zieladresse sowie Rückrufnummer angeben und werden angerufen, sobald ein Taxi bereitsteht. In Estland gibt es für Taxiunternehmen keine Festtarife. Vergleichen lohnt sich,

vorher fragen! Tallinn: *Klubi Takso | Tel. 142 00; Linnatakso | Tel. 12 24;* Rīga: *Rīga Taxi | Tel. 68 00 10 10,* Beschwerdetelefon: *Tel. 67 01 27 01;* Vilnius: *Martono | Tel. 5 24 00 04*

TELEFON & HANDY

Internationale Vorwahlen: nach Estland: *Tel. 00372,* Lettland: *Tel. 00371,* Litauen: *Tel. 00370.* Zur Durchwahl aus dem Baltikum nach Deutschland wählt man: *Tel. 0049,* für Österreich *Tel. 0043,* für die Schweiz *Tel. 0041.*
Estland hat landesweit siebenstellige digitale Festnetznummern – es gibt keine Vorwahl ins Ortsnetz bei Ferngesprächen. Auch das lettische Telefonnetz ist gerade vollständig digitalisiert worden, eine Ortsvorwahl gibt es nicht mehr. Sämtliche Nummern wurden von sieben- auf achtstellig umgestellt. Festnetznummern haben im neuen System als erste Ziffer eine 6, Handynummern (bisher meist mit 6 oder 9 beginnend) nun eine 2 am Anfang. In Litauen muss bei Ferngesprächen vor der Ortsvorwahl eine 8 gewählt werden, z. B. 85 nach Vilnius. Wie in Deutschland muss innerhalb des Ortsnetzes keine Vorwahl gewählt werden.
Das baltische Mobilfunknetz ist auf Westniveau. Deutsche Handys funktionieren tadellos, günstiger wird es mit der Prepaid-Card eines einheimischen Netzbetreibers.

TOILETTEN

Bei der Kennzeichnung der Toiletten werden oft folgende Symbole verwendet: ∆ = Frauen, ▼ = Männer. Achtung: Im Estnischen steht das „m" für *mees* = Mann. Im Litauischen steht das „m" für *moterys* = Frau! Sind Sie in Estland, bedeutet n = Frau, m = Mann. In Litauen m = Frau, v = Mann.

TRINKGELD

5–10 Prozent des Rechnungsbetrags sind in den Hauptstädten üblich.

UNTERKUNFT

Camping ist in allen drei Ländern auf besonders ausgewiesenen Plätzen möglich, das Campen in der freien Natur wird weitgehend geduldet, ist in den Nationalparks aber verboten. Landhäuser kosten kaum mehr als 20 Euro pro Person und Tag. Eine Auswahl in Estland auf *www.maaturism.ee.* Landhäuser in Lettland vermittelt *Lauku Ceļotājs | Rīga | Kugu 11 | Tel. 67 61 76 00 | www.traveller.lv.* Informationen über Landtourismus in Litauen und Unterkünfte gibt es unter *www.countryside.lt.*

ZEIT

Die Zeit im Baltikum ist der mitteleuropäischen um 1 Std. voraus. Die Länder stellen auf Sommerzeit um.

ZOLL

Für Ein- und Ausfuhr gelten die EU-Bestimmungen. Außer Landes mitnehmen dürfen Sie u. a. 800 Zigaretten, 10 l Spirituosen, 90 l Wein. Antiquitäten und Kunstwerke, die älter als 50 Jahre sind, dürfen nur mit Genehmigung ausgeführt werden. Weitere Infos: *www.zoll.de*

WETTER IN RĪGA

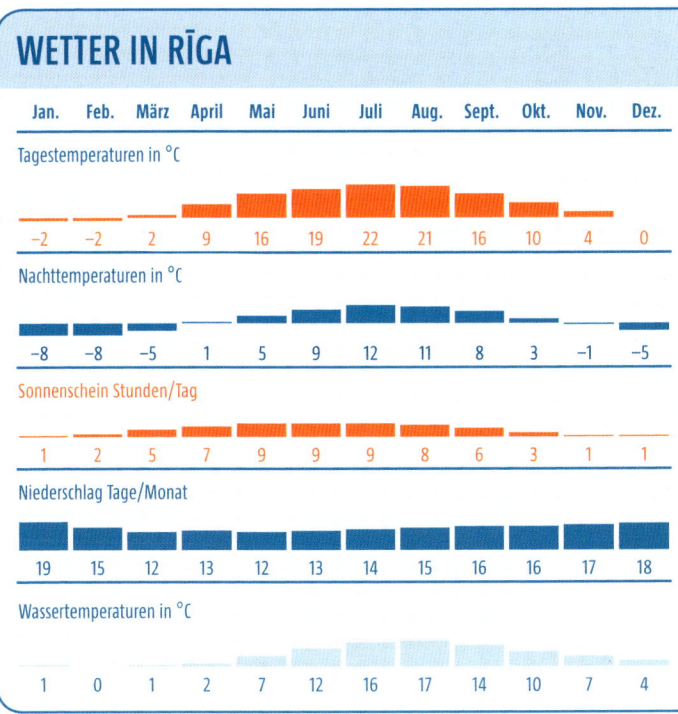

	Jan.	Feb.	März	April	Mai	Juni	Juli	Aug.	Sept.	Okt.	Nov.	Dez.
Tagestemperaturen in °C	−2	−2	2	9	16	19	22	21	16	10	4	0
Nachttemperaturen in °C	−8	−8	−5	1	5	9	12	11	8	3	−1	−5
Sonnenschein Stunden/Tag	1	2	5	7	9	9	9	8	6	3	1	1
Niederschlag Tage/Monat	19	15	12	13	12	13	14	15	16	16	17	18
Wassertemperaturen in °C	1	0	1	2	7	12	16	17	14	10	7	4

SPRACHFÜHRER ESTNISCH

AUSSPRACHE

õ   wie „ö" ohne Lippenrundung, kurz gesprochen und hinten im Mund
    artikuliert, zwischen langem „u" und „ö"
e   wie kurzes „ä"
h   stimmlos, vor Konsonanten wie „ch"

AUF EINEN BLICK

ja/nein/vielleicht	jah/ei/võib olla
Bitte./Danke.	Palun./Tänan.
Entschuldige./Entschuldigen Sie!	Vabandust./Vabandage!
Wie bitte?	Kuidas palun?
Ich möchte .../Haben Sie ...?	Ma tahan .../Kas teil on ...?
Wie viel kostet ...?	Kui palju see maksab?
Bank/Geldautomat	pank/rahaautomaat
Gute(n) Morgen!/Tag!/Abend!/Nacht!	Tere hommikust!/Tere päevast!/Tere õhtust!/Head ööht!
Hallo!/Auf Wiedersehen!	Tere!/Head aega!
Wie viel Uhr ist es?	Mis kell on?
heute/morgen/gestern	täna/homme/eile
Hilfe!/Achtung!/Vorsicht!	Appi!/Avarii!/Ettevaatust!
Krankenwagen	kiirabi
Polizei/Feuerwehr	politsei/tulekahju
Arzt/Zahnarzt/Kinderarzt	arst/hambaarst/lasteasrt
Krankenhaus/Notfallpraxis	haigla/vältimatu kirurgia
Fieber/Schmerzen	palavik/valud
Durchfall/Übelkeit	köhulahtisus/paha
Apotheke	apteek

UNTERWEGS

offen/geschlossen	avatud/suletud
Abfahrt/Abflug/Ankunft	ärasõit/lahkumine/saabumine
Toiletten	tualett
Damen	naistele/daamid
Herren	meestele/härrad
Wo ist ...?/Wo sind ...?	Kus on ...?
links/rechts	vasakule/parmale

KAS SA OSKAD EESTI KEELT?

„Sprichst du Estnisch?" Dieser Sprachführer hilft Ihnen, die wichtigsten Wörter und Sätze auf Estnisch zu sagen

geradeaus/zurück	otse/tagasi
Parkplatz/Parkhaus	parkla/valvega autoparkla
Bahnhof/Hafen	raudtejaam/sadam
Flughafen	lennujaam
Ich möchte ... mieten.	Ma tahaksin ... üürida.
ein Auto/ein Fahrrad	autot/jalgratast
ein Boot	paati
Tankstelle	bensiinjaam
Benzin/Diesel	bensiin/diisel
Panne/Werkstatt	õnnetus juhtum/autoteenindus

ESSEN & TRINKEN/ÜBERNACHTEN

Reservieren Sie uns bitte für heute Abend einen Tisch für vier Personen.	Palun reserveerige meile täna õhtuks üks laud neljale inimesele.
Die Speisekarte, bitte.	Menüüd, palun.
Könnte ich bitte ... haben?	Ma tahan, palun, ...?
Ich möchte zahlen, bitte.	Palun, arvet!
Haben Sie noch ...?	Kas teil on ...?
Einzelzimmer	ühene tuba
Doppelzimmer	tahene tuba
Frühstück/Halbpension	hommikussöök/poole kostirahaga
mit Dusche/Bad	dušširuumiga/vannitoaga

TELEKOMMUNIKATION & MEDIEN

Briefmarke/Brief	kirjamark/kirjad
Ich brauche eine Telefonkarte fürs Festnetz.	Mul on vaja telefonikaarti püsivõrku.
Ich suche eine Prepaidkarte für mein Handy.	Otsin kõnekaarti mu mobiili.
wählen/Verbindung/besetzt	kõne/telefoniliin/hõivatud
Internetanschluss/WLAN	internetiühendus/wireless lan

ZAHLEN

0	null	6	kuus
1	üks	7	seitse
2	kaks	8	kaheksa
3	kolm	9	üheksa
4	neli	10	kümme
5	viis	100	sada

SPRACHFÜHRER LETTISCH

AUSSPRACHE

ā, ē, ī, ū	lang gesprochen, ähnlich „ah", „äh", „ie", „uh"	ļ	wie „l" in Glück
č	wie „tsch"	ņ	wie „n" in nützlich
ģ	spricht man wie „j" in Jeans	š	wie „sch"
ķ	wie „k" in König	ž	wie „g" in Genie

AUF EINEN BLICK

ja/nein/vielleicht	jā/nē/varbūt
bitte/danke	lūdzu/paldies
Entschuldigen Sie!	Atvainojiet!
Wie bitte?	Kā, lūdzu?
Ich möchte .../Haben Sie ...?	Es vēlos .../Vai jums ir ...?
Wie viel kostet ...?	Cik maksā ...?
Bank/Geldautomat	banka/bankomāts
Gute(n) Morgen!/Tag!/Abend!/Nacht!	Labrīt!/Labdien!/Labvakar!/Ar labu nakti!
Auf Wiedersehen!	Uz redzēšanos!
Wie viel Uhr ist es?	Cik (ir) pulkstenis?
Hilfe!/Achtung!/Vorsicht!	Palīgā!/Ņemiet vērā!/Uzmanību!
Krankenwagen	ātrā palīdzība
Polizei/Feuerwehr	policija/ugunsdzēsēji
Arzt/Zahnarzt/Kinderarzt	ārsts/zobārsts/pediatrs
Krankenhaus	slimnīca
Fieber/Schmerzen	karstums/sāpes
Durchfall/Übelkeit	caureja/slikta dūša
Apotheke	aptieka

UNTERWEGS

offen/geschlossen	atvērts/slēgts
Abfahrt/Abflug/Ankunft	atiešana/izlidošana/pienākšana
Toiletten	tualetes
Damen	sieviešu (S)/dāmas (D)
Herren	kungi (K)/vīriešu (V)
Wo ist ...?/Wo sind ...?	Kur ir ...?/Kur ir ...?
links/rechts	pa kreisi/pa labi

VAI TU RUNĀ LATVISKI?

„Sprichst du Lettisch?" Dieser Sprachführer hilft Ihnen,
die wichtigsten Wörter und Sätze auf Lettisch zu sagen

geradeaus/zurück	Uz priekšu/atpakaļ
Parkplatz/Parkhaus	auto novietne/auto stāvvieta
Bahnhof/Hafen	(dzelzceļa) stacija/osta
Flughafen	lidosta
Ich möchte ... mieten.	Es vēlos noīrēt ...
ein Auto/ein Fahrrad	(auto)mašīnu/velosipēdu
ein Boot	laivu
Tankstelle	degvielas uzpildes stacija
Benzin/Diesel	benzīns/dīzeļdegviela
Panne/Werkstatt	avārija/auto darbnīca

ESSEN & TRINKEN/ÜBERNACHTEN

Reservieren Sie uns bitte für heute Abend einen Tisch für vier Personen.	Lūdzu, rezervējiet mums šim vakaram galdiņu četrām personām.
Die Speisekarte, bitte.	Lūdzu, atnesiet ēdienkarti!
Könnte ich bitte ... haben?	Vai varu palūgt ...?
Ich möchte zahlen, bitte.	Es vēlos samaksāt.
Haben Sie noch ...?	Vai jums vēl ir ...?
Einzelzimmer	vienvietīga istaba
Doppelzimmer	divvietīga istaba
Frühstück/Halbpension	ar brokastīm/ar puspansiju
Dusche/Bad	duša/vanna

TELEKOMMUNIKATION & MEDIEN

Briefmarke/Brief	pastmarka/vēstule
Ich brauche eine Telefonkarte fürs Festnetz.	Man vajag telefona karti.
Ich suche eine Prepaidkarte für mein Handy.	Vēlos priekšapmaksas karti mobilam telefonam.
wählen/Verbindung/besetzt	zvanīt/savienojums/aizņemts
Internetanschluss/WLAN	interneta pieslēgums/WLAN

ZAHLEN

0	nulle		6	seši
1	viens		7	septiņi
2	divi		8	astoņi
3	trīs		9	deviņi
4	četri		10	desmit
5	pieci		100	simts

SPRACHFÜHRER LITAUISCH

AUSSPRACHE

ą	langes „a"		š	wie deutsches „sch"
č	wie deutsches „tsch"		ų, ū	langes u
ę	lang und offen wie „ä"		v	wie deutsches „w"
ė	lang und geschlossen		y	langes „i"
	wie in Esel		z	stimmhaft wie „s" in sauber
į	langes „i"		ž	wie „j" in Jeans

AUF EINEN BLICK

ja/nein/vielleicht	taip/ne/galbūt
bitte/danke	prašau/ačiū
Entschuldigen Sie!	Atsiprašau!
Wie bitte?	Kas?
Ich möchte .../Haben Sie ...?	Aš noriu .../Ar turite ...?
Wie viel kostet ...?	Kiek kainuoja ...?
alles/nichts	visi/nieko
Bank/Geldautomat	bankas/bankomatas
Gute(n) Morgen!/Tag!/Abend!/Nacht!	Labas rytas!/Laba diena!/Labas vakaras!/Labanaktis!
Hallo!/Auf Wiedersehen!	Sveiki!/Iki pasimatymo!
Wie viel Uhr ist es?	Kuri vanada?
Hilfe!/Achtung!/Vorsicht!	Gelbėkite!/Dėmesio!/Atsargiai!
Krankenwagen	greitoji pagalba
Polizei/Feuerwehr	policija/gaisras
Arzt/Zahnarzt/Kinderarzt	gydytojas/datų gydytojas/vaikų gydytojas
Krankenhaus/Notfallpraxis	ligoninė/medicinos punktas
Fieber/Schmerzen	karščiavimas/skausmas
Durchfall/Übelkeit	viduriavimas/pykinimas
Apotheke	vaistinė

UNTERWEGS

offen/geschlossen	atidara/uždaryta
Abfahrt/Abflug/Ankunft	išvykimo/išvykimo/atvykimo
Toiletten/Damen/Herren	tualetas/moterims/vyrams
Wo ist ...?/Wo sind ...?	Kur ir .../Kur yra ...?

AR TU KALBI LIETUVIŠKAI?

„Spricht du Litauisch?" Dieser Sprachführer hilft Ihnen, die wichtigsten Wörter und Sätze auf Litauisch zu sagen

links/rechts	kairė/dešinė
geradeaus/zurück	tiesiai/atgal
Parkplatz	automobilių stovėjimo aikštelė
Bahnhof/Hafen/Flughafen	geležinkelio stotis/uostas/oro uostas
Ich möchte … mieten.	Aš norėčiau … išinuomoti.
ein Auto/ein Fahrrad	automobilį/dviratį
ein Boot	valtį
Tankstelle	degalinė
Benzin/Diesel	benzinas/dyzeliniai degalai
Panne/Werkstatt	avarija/autoservisas

ESSEN & TRINKEN/ÜBERNACHTEN

Reservieren Sie uns bitte für heute Abend einen Tisch für vier Personen!	Aš norėčiau užsirezervuoti šiandien vakare viena stalą keturiems žmonėms!
Die Speisekarte, bitte.	Prašom, valgiaraštį!
Könnte ich bitte … haben?	Aš norėčiau …?
Ich möchte zahlen, bitte.	Prašom, saskąitą!
Haben Sie noch …?	Ar turite …?
Einzelzimmer/Doppelzimmer	vienvietis kambarys/duivietis kambarys
Frühstück/Halbpension	pusryčiai/su pusryčiais ir vakariene
Dusche/Bad	dušas/vonia

TELEKOMMUNIKATION & MEDIEN

Briefmarke/Brief/Postkarte	pašto ženklai/laiškai/atvirukas
Ich brauche eine Telefonkarte fürs Festnetz.	Man raikia telefono kortelę yra fiksuoto-jo ryšio tinklo.
Ich suche eine Prepaidkarte für mein Handy.	Aš ieškau išanksto apmokėtos kortelės mano mobilųjį telefona.
wählen/Verbindung/besetzt	rinkti/ryšys/užimtas
Internetanschluss/WLAN	interneto ryšys/WLAN

ZAHLEN

0	nulis	6	šeši
1	vienas	7	septyni
2	du	8	aštuoni
3	trys	9	devyni
4	keturi	10	dešimt
5	penki	100	šimtas

REISEATLAS

Die grüne Linie ▬▬ zeichnet den Verlauf der Ausflüge & Touren nach
Die blaue Linie ▬▬ zeichnet den Verlauf der Perfekten Route nach

Der Gesamtverlauf aller Touren ist auch in
der herausnehmbaren Faltkarte eingetragen

Bild: Āraišu-See südlich von Cēsis (Lettland)

Kapellskär

1 Stockholm

20 km

B A L T I   M E R I

Osmussaar saar

2

Dirhami

Rigul

Har

Tahkuna n.   Lehtma

Hiiumaa saar   Malvaste   *Vormsi saar*

Vormsi majaks   Saxby   Norrby

Kõrgessaare   Pihla   Kärdla   Hullo   Sviby

52   **Haapsa**

Põhla-   Luidia laht   Luidja   Tubala   Hellamaa   Valgevälj

Ristna nina   Anduse mägi   Heiste   Vohilaid saar   Rohuküla

Kalana   Kõpu   Hüti   Suuremõisa   Vahtrepa

3 *Kõpu poolsaar*   Käigutsi   Käina   Heltermaa

Hiiumaa   Lelu   Heinlaiu saar   Tauksi saar

Nurste   Jausa   Kassari   Kaevati saar   M

Valgu   Kassari saar

Emmaste

Sõru   *Muhu saar*   Tupenurme

Soela väin   Pammana neem   Pammana   Koguva   Lõve   Hellamaa

Pulli   Piiri   **10**   Kuivastu

Saaremaa saar   Panga   Leisi   Randküla   Orissaare   Pädaste

4   pank   Panga   Metsküla   Poide   Tornimäe

Tagaranna   Võhma   Angla   Karja   Tagavere   Kõrkvere

Jä/rise   Pamma   Koikla   Ratla   76   Laimjala

Mustjala   Eikla   79   Valjala

Pidula   Sauvere   Hakjala   Haeska   Kallemäe

Kihelkonna   Aste   Kiratsi   Kõljala   Turja

Viki   78   Kärla   Püha   Sandla   Sääretüki neem

Atla   Lümanda   Käesla   Vaivere   Kailuka

Karala   Koimla   Nasva   **Kuressaare**   Vetelanina neem

5   Lõmala   77   Salme   Abruka   Kasema saar   Allirahu saar

Abruka saar

Saaremaa   Hoostelaiu saar   Anseküla   Kirjurahu saar

Kirjalaiu neem   48

Jämaja   *Sõrve poolsaar*   L i i v i

Mässa

6   Sääre   Sõrve neem

Lombimaa saar   Ruhnu saar   Ruhnu

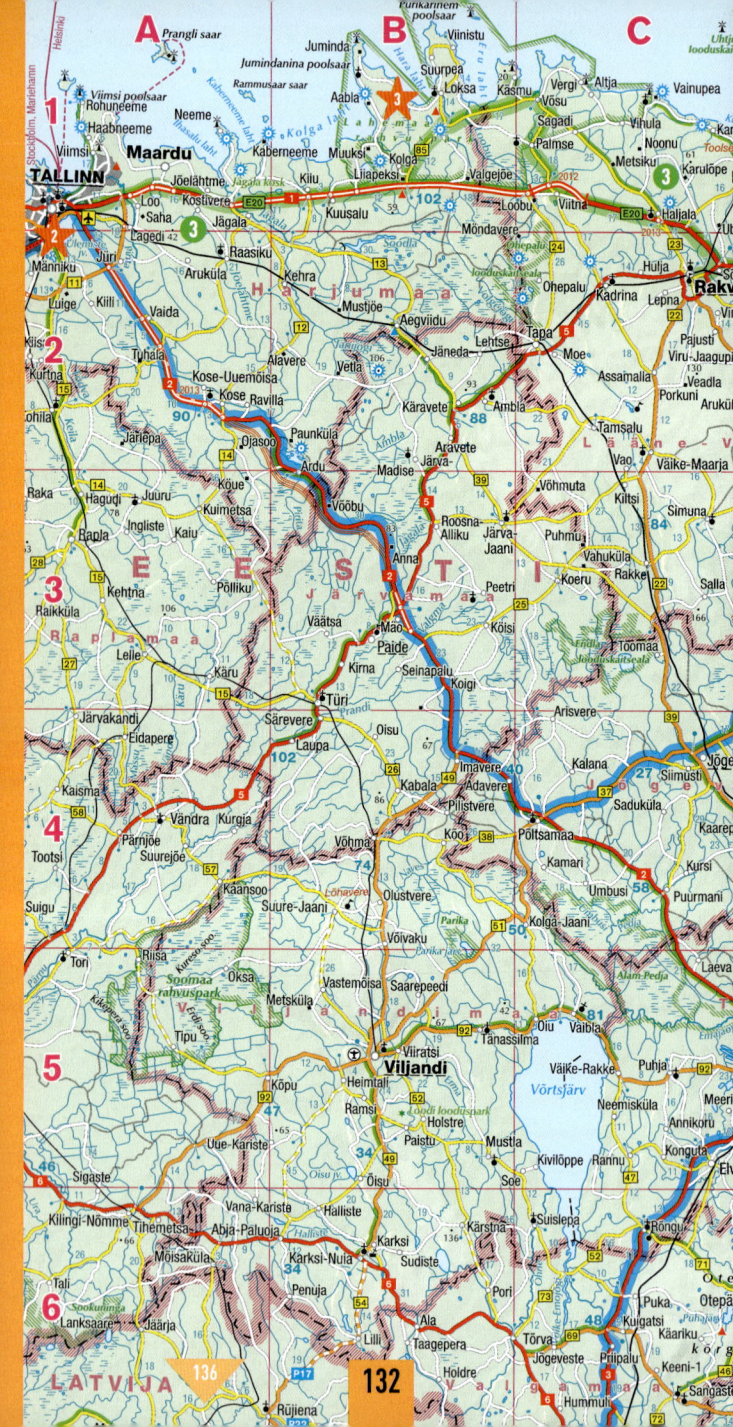

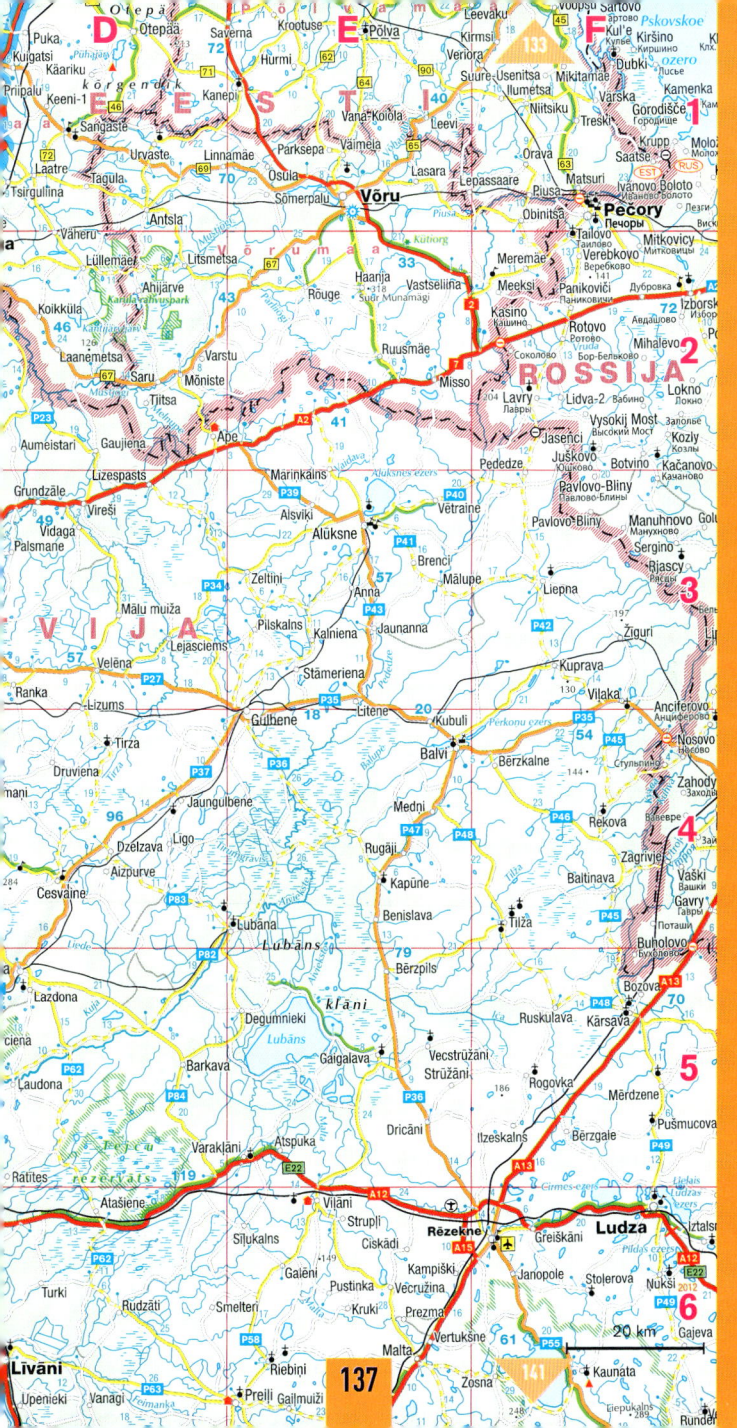

141

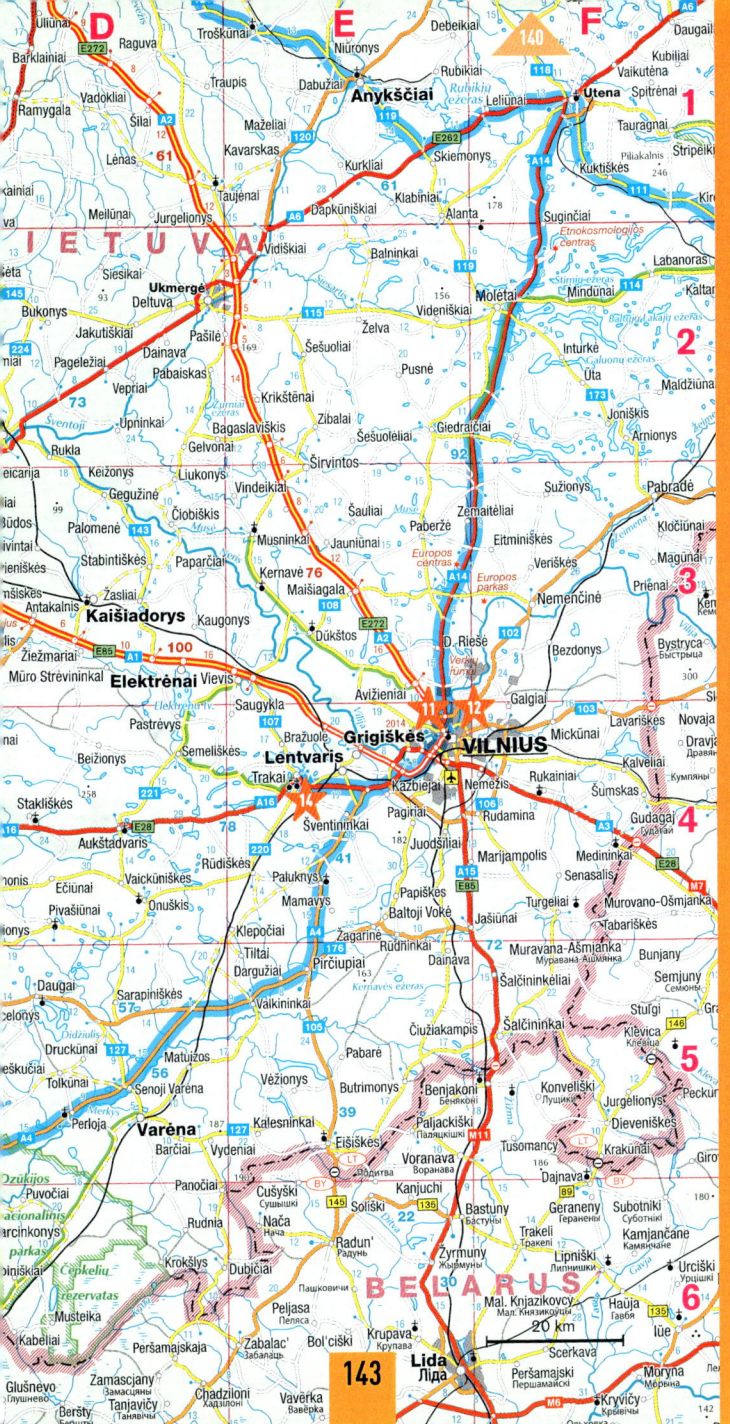

KARTENLEGENDE

Autobahn mit Anschlussstellen	Motorway with junctions
Autobahn in Bau	Motorway under construction
Mautstelle	Toll station
Raststätte mit Übernachtung	Roadside restaurant and hotel
Raststätte	Roadside restaurant
Tankstelle	Filling-station
Autobahnähnliche Schnell-straße mit Anschlussstelle	Dual carriage-way with motorway characteristics with junction
Fernverkehrsstraße	Trunk road
Durchgangsstraße	Thoroughfare
Wichtige Hauptstraße	Important main road
Hauptstraße	Main road
Nebenstraße	Secondary road
Eisenbahn	Railway
Autozug-Terminal	Car-loading terminal
Zahnradbahn	Mountain railway
Kabinenschwebebahn	Aerial cableway
Eisenbahnfähre	Railway ferry
Autofähre	Car ferry
Schifffahrtslinie	Shipping route
Landschaftlich besonders schöne Strecke	Route with beautiful scenery
Alleenstr. Touristenstraße	Tourist route
XI-V Wintersperre	Closure in winter
Straße für Kfz gesperrt	Road closed to motor traffic
8% Bedeutende Steigungen	Important gradients
Für Wohnwagen nicht empfehlenswert	Not recommended for caravans
Für Wohnwagen gesperrt	Closed for caravans
Besonders schöner Ausblick	Important panoramic view

Wartenstein *Umbalfälle* Sehenswert: Kultur - Natur	Of interest: culture - nature
Badestrand	Bathing beach
Nationalpark, Naturpark	National park, nature park
Sperrgebiet	Prohibited area
Kirche	Church
Kloster	Monastery
Schloss, Burg	Palace, castle
Moschee	Mosque
Ruinen	Ruins
Leuchtturm	Lighthouse
Turm	Tower
Höhle	Cave
Ausgrabungsstätte	Archaeological excavation
Jugendherberge	Youth hostel
Allein stehendes Hotel	Isolated hotel
Berghütte	Refuge
Campingplatz	Camping site
Flughafen	Airport
Regionalflughafen	Regional airport
Flugplatz	Airfield
Staatsgrenze	National boundary
Verwaltungsgrenze	Administrative boundary
Grenzkontrollstelle	Check-point
Grenzkontrollstelle mit Beschränkung	Check-point with restrictions
ROMA Hauptstadt	Capital
<u>VENÉZIA</u> Verwaltungssitz	Seat of the administration
Ausflüge & Touren	Trips & Tours
Perfekte Route	Perfect route
MARCO POLO Highlight	MARCO POLO Highlight

ALLE **MARCO POLO** REISEFÜHRER

REGISTER

In diesem Register sind alle im Reiseführer erwähnten Orte und Ausflugsziele sowie einige wichtige Persönlichkeiten aufgeführt. EST = Estland; LV= Lettland; LT = Litauen.

SCHREIBEN SIE UNS!

SMS-Hotline: 0163 6 39 50 20

Egal, was Ihnen Tolles im Urlaub begegnet oder Ihnen auf der Seele brennt, lassen Sie es uns wissen! Ob Lob, Kritik oder Ihr ganz persönlicher Tipp – die MARCO POLO Redaktion freut sich auf Ihre Infos.

Wir setzen alles dran, Ihnen möglichst aktuelle Informationen mit auf die Reise zu geben. Dennoch schleichen sich manchmal Fehler ein – trotz gründ-

E-Mail: info@marcopolo.de

licher Recherche unserer Autoren/innen. Sie haben sicherlich Verständnis, dass der Verlag dafür keine Haftung übernehmen kann. Kontaktieren Sie uns per SMS, E-Mail oder Post!

MARCO POLO Redaktion
MAIRDUMONT
Postfach 31 51
73751 Ostfildern

IMPRESSUM

Titelbild: Bauernhaus, Nationalpark Daugava, Laif/Hirth

Fotos: DuMont Bildarchiv: (86, 109), Hirth (42/43, 114 o.); R. Freyer (3 o., 24, 30, 31, 72/73, 74, 82); R. Hackenberg (3 M., 68, 94/95, 96/97, 128/129); Huber: Bäck (71), Lubenow (2 M. o., 8, 12/13), Mehlig (Klappe l., 32 l.), Potschka (6), Schmid (2 M. u., 20/21, 34/35, 84, 98/99, 110), Giovanni Simeone (Klappe r., 51, 100); Laif: 6-Wege-Projekt/Volk (47), Contrasto/Monteleone (115), Hirth (1 o.), Lengler (26/27); K. Maeritz (106/107); mauritius images: age (2 o., 4), Alamy (9, 10/11, 17, 29, 32 r., 38, 45, 48, 52, 58, 77, 78, 88, 92, 110/111), Cubolmages (41), Delimont (2 u., 54/55), Flüeler (5), ib (Gollnick) (30/31), ib (gourmet-vision) (28 r.), ib (Pigozne) (7), Kerth (28 l.), NPL - Wild Wonders of Europe (23), Photononstop (65); Visvaldas Morkevicius (18 o.); K. U. Müller (56, 63, 101); T. Plath (1 u.); Bert Rähni (19 o.); SIA „Jaunrigas attistibas uznemums" (19 u.); T. Stankiewicz (66, 80); Tarantino Club: Pijus Vycas (18 u.); Transit-Archiv: Hirth (3 u., 15, 36, 60, 90, 102/103, 104, 111, 114 u.); Virkko Vendla (18 M.)

10. Auflage 2013
Komplett überarbeitet und neu gestaltet
© MAIRDUMONT GmbH & Co. KG, Ostfildern
Chefredaktion: Michaela Lienemann (Konzept, Chefin vom Dienst), Marion Zorn (Konzept, Textchefin)
Autor: Jan Pallokat, Kapitel Lettland: Birgit Johannsmeier, Bearbeiter: Thoralf Plath
Redaktion: Christina Sothmann
Verlagsredaktion: Anita Dahlinger, Ann-Katrin Kutzner, Nikolai Michaelis
Bildredaktion: Gabriele Forst
Im Trend: wunder media, München
Kartografie Reiseatlas: © MAIRDUMONT, Ostfildern; Kartografie Faltkarte: © MAIRDUMONT, Ostfildern
Innengestaltung: milchhof:atelier, Berlin; Titel, S. 1, Titel Faltkarte: factor product münchen
Sprachführer: in Zusammenarbeit mit Ernst Klett Sprachen GmbH, Stuttgart, Redaktion PONS Wörterbücher
Das Werk einschließlich aller seiner Teile ist urheberrechtlich geschützt. Jede urheberrechtsrelevante Verwertung ist ohne Zustimmung des Verlags unzulässig und strafbar. Das gilt insbesondere für Vervielfältigungen, Nachahmungen, Mikroverfilmungen und die Einspeicherung und Verarbeitung in elektronischen Systemen.
Printed in China

BLOSS NICHT 👆

Ein paar Dinge, die Sie im Baltikum beachten sollten

AM FALSCHEN STRAND LIEGEN

Im katholischen Litauen sind manche Strandabschnitte abgeteilt: Mit *vyrų plažias (Männerstrand)* gekennzeichnete Abschnitte sind den Herren vorbehalten, am *moterų plažias (Frauenstrand)* hat dagegen nur das andere Geschlecht etwas zu suchen. Für Liebespaare gibt es immer noch den *bendras plažias (gemischt)*. Männer, die sich zum *moterų plažias* wagen, können in ernsthafte Schwierigkeiten geraten, respektive brutal verscheucht werden.

NICHT AUFESSEN

Den meisten Balten liegt es seit den knappen Sowjetjahren im Blut: Was bestellt wird, isst man auch auf – alles andere wäre Verschwendung. Nicht aufessen im Restaurant kommt in der Regel nicht gut an. Trotz verlockender Schaufenster und schicker Cafés nicht vergessen: Die meisten Esten, Letten und Litauer müssen für einen Restaurantbesuch eine ganze Weile arbeiten.

OHNE BLUMEN KOMMEN

Wenn Sie eingeladen sind, besorgen Sie sich unbedingt einen kleinen Blumenstrauß – er braucht auch nicht teuer zu sein. Mit leeren Händen zu kommen gilt als ungehörig. Überall in den baltischen Städten gibt es kleine Blumenläden. Der Strauß wird wie in Deutschland gleich an der Tür überreicht.

RELIGIÖSE GEFÜHLE VERLETZEN

Russisch-orthodoxen Kirchen begegnen Sie im Baltikum vielerorts, und sie stehen fast immer für Besichtigungen offen, was sich schon wegen der prächtigen Ausstattung und uralter Ikonen lohnt. Doch sind sie Orte gelebten Glaubens, die strenge Religiosität ist echt und keine Folklore. Denken Sie daran, wenn Sie eine orthodoxe Kirche betreten! Bitte nicht in aufreizender Freizeitbekleidung, und mit der Kamera sollten Sie sensibel umgehen. Ähnliches gilt in den katholischen Kirchen Litauens.

PRÄSIDENTEN VERULKEN

In Deutschland gehört es schon fast zum guten Ton, über Politiker zu spotten. Auch in den baltischen Staaten werden Politik und Verwaltung oft kritisiert. Nur: Die Balten hören diese Kritik an ihren Repräsentanten von Besuchern ungern. Denn insgesamt achten sie die staatlichen Würdenträger hoch. Scherze geraten da leicht in den falschen Hals.

GEWOHNHEITEN MISSACHTEN

In Litauen wird es nicht gerne gehört, wenn im Haus gepfiffen wird, das könnte die Hausgeister oder andere dunkle Mächte wecken. Bei Privatbesuchen ist das Schuheausziehen üblich. Bei der Begrüßung sollte man die Hand nicht über die Türschwelle reichen: Das könnte jede Menge Unglück bringen!